岩月謙司

JN227345

なぜ、男は「女はバカ」と思ってしまうのか

講談社＋α新書

まえがき

「先生、女の子に人気のあるレストラン、と聞くと、ボクは『その店はきっとおいしいだろうな、行ってみようかな』という気になりますが、男の子に人気のあるお店と言われてもなんだか信用できません。なぜでしょうか？」

男子学生がこんな質問をしてきました。

「じゃ、男の子に人気のあるお店というと、どういうイメージがあるんだろうね？」

「量が多いとか、注文してから早く料理が出てくるとか、大学から近いとか、駅から近いとか、クルマが停めやすいとか……そういう理由で人気があるんじゃないのかと疑ってしまうんです」

「ほかには？」

「きれいなウェートレスがいるから、というのも理由にあると思います！」

「だから、味が信用できないんだね。じゃ、女性に人気のある店のイメージはどんなものなんだろう」

「それは、やっぱり、本当においしい、ということでしょうね。それに、女性ならカッコいいウェーターがいる程度では通い詰めたりはしないような気がします。だから女性に人気のあるお店の味をボクは信用してしまうんだと思います」

この男子学生はなかなかいい線いってます。男性と比べると、女性はおいしいものを求める力がとても強いのです。おいしいものに限らず女性は、うれしい、楽しい、気持ちいい、ということが大好きです。第一章で詳しく解説しますが、女性は行動も思考形態も、そして記憶の内容も「快」が得やすいようにできています。それが女性の発想というものを形作っています。

ところが、女性たちは、長年女性をやっておりますと、その女性の発想が当たり前のことになってしまって、自分にとっての「常識」(女性の発想)が男性にも通用するとついつい思ってしまいます。「どうしてこんなことがわからないの!」「どうしてそんなことするの!」と女性が言いたくなるのは、男性も自分と同じ発想や同じ価値観で生きていると思ってしまっているからです。

男女は本質的なところで大きく違います。男女の間には、量的な差ばかりではなく、質的にも差があります。ところが、人は誰でも自分が経験したことしか理解できません。女性は男性になったことがないのですから、男性の気持ちや男性の思考方法を理解できなくて当然です。同様に、男性もまた女性になった経験がないので女性特有の思考方法は理解できません。だから、男女間で誤解やトラブルが発生してしまうのです。

しかし、違うがゆえに男女が協力し合うと大きな力を発揮することができます。本書を読めば、なぜ大きな力となるのか、なぜ男女は互いに求め合うのかもおわかりいただけると思います。

ただ、序章でも述べますが、事態を複雑にするのは、男女差よりも、個人差のほうが大きいということです。この事実が話をややこしくさせてしまいますが、それでも男女差は厳然として存在します。男女は、深いところでは大きく違っているからこそ恋愛が成り立つのです。違うからこそ二人の間に癒しや励まし合いの機能が出現し、年と共に互いがかけがえのない存在になっていくのです。

本書はもっぱら女性の思考方法について解説しています。なぜなら、女性心理というのは男性にとって非常にわかりにくいものであると同時に、女性自身にとっても不可解なことが多いからです。男性にとって女性が神秘的に映るのは、男性が女性を理解することのほうが、その逆よりむずかしいからです。男性が女性を理解している量は、女性が男性を理解している量よりも圧倒的に少ないのです。だから、男性にとって女性は「謎の生き物」なのです。謎だからこそ男性は女性を知りたがるのです。しかし、当の女性も、実は自分の心がよくわかっていないことが多いのです。どうしてあの時、自分はあんな行動をしたのか、どうしてあの時涙が出たんだろうか、と不思議に思うことがよくあります。

●なぜ、女性は涙もろいのか。
●なぜ、恋愛がうまくいかなくなるのか。
●なぜ、男運が悪い女性がいるのか。
●なぜ、男性は女性の涙に弱いのか。
●「女性は、悲しいから泣くのではなく、泣くから悲しくなるのだ」と言うが、どういうメカニズムでそうなるのか。
●俗に言う「女のカン」とは？
●女性の思考方法は男性とどう違うのか。

●女性は何を大事にして生きているのか。
●なぜ、女性はセクハラを嫌がるのか。
●女性は感情的と言うが本当か。
●なぜ、女性同士の会話に男性がついていけないのか。
●愛されて育った女性と愛されずに育った女性はどこがどう違うのか。
●なぜ、女性は不安をいだきやすいのか。
●なぜ、女性は男性のようにギャンブルをしないのか。

これらのことについてお話ししようと思います。

ただし本書は、ハウツウものではありません。女性の本質を深いところから解説しようと試みた本です。問題意識の高い人でないと本書を理解することはむずかしいでしょう。

しかし、深い理解や本質的な理解は、現実生活に応用することができます。表面的な男女差を解説した本では、読んでいる時は面白くても、日常生活に応用することはできません。その点、深い理解は、現実を変える力があります。読んだその日から、自分のこと、そして男性のことがよく理解できるようになり、悦びが増えてきます。ものごとはなんでも現実が変わってはじめて悦びが増えるものです。

「彼を知り己《おのれ》を知れば百戦殆《あや》うからず」と言いますが、「なるほど、相手はこういうふうに考えているから怒っているんだな」というように相手のことがわかると、こちらも冷静になれますし建設的な対策も立てられます。ところが「自分だったらこうするのに、なぜ、彼はしてくれないんだろう！」と、相手を責めてばかりいると、自分もイライラするばかりか相手もイライラし始めます。

女性が素敵な恋愛をしたり、いい結婚生活をおくるためには、まず、自分自身の特性を知ることが重要です。互いに女性の特性、男性の特性を知れば、尊敬し合ったり、尊重し合ったり、協力し合ったりすることができるようになります。これが現実が変わるという効果です。

もし本書を男性が読めば、「なるほど、女性はそういう思考をしているからそういう発言をするのか」と理解できるので、男性の女性に対するイライラは半減することでしょう。そうしたイライラが減っただけで、ずいぶんと夫婦仲はよくなるものです。これも現実が変わるということです。

その目的のために、これまで誰も書かなかった女性の秘密について解説してみました。

そういう意味では、本書はもしかしたら女性にとって「もっとも男性（恋人や夫）に読んでもらいたくない本」かもしれません。しかし、不要なトラブルを避け、協力し合うというメリットを考えれば、女性の神秘的魅力が多少減ったとしてもなお充分なおつりがくると思います。

男女が、互いの本質を理解し、一人でも多くの人が恋愛を楽しみ、充実した結婚生活をおくれることを願ってやみません。

最後までおつきあい願えれば幸いです。

二〇〇二年一二月

岩月謙司《いわつきけんじ》

◉目次

まえがき　3

序章　セクハラを嫌がるのは女性だけ

なぜカラオケでさわってはいけないのか？　19

花を買って来て自分の部屋に飾る男性はいない　25

人は気持ちいいことをする動物　29

悦びを得ると人の心は安定する　33

洋服に一〇万円を投資した女性の収支　37

なぜ異性を理解できないのか　42

何を不快と感じるかにも男女差がある　44

第一章　感情を正確に記憶する女性たち

記憶の男女差　52
女性は喜怒哀楽の感情を記憶する　54
女性は感情を思い出してから事実を思い出す　55
男性の場合は事実を記憶する　58
女性の言う「みんな」とはたいてい三人である　61
快―不快の感情が脳の中を駆けめぐる女性　63
公私混同しがちな女性　70
女性は自分の快―不快や恐怖の感情を根拠として行動する　72
女性は人とのつながりを感じるために自分の感情を語ろうとする　75
感情に事実がくっついている女性　78
女性は、男性に関しても同じシステムで記憶する　82
女性はランキング表を作っている　86
女性は「過去の美しい思い出をいだいて生きる」ことができる　88
女性が腹を立てる理由　91
過去の旅行の写真でわかる男女差　94

第二章　自分の感情に自信を持っている女性

女性の決意の根拠　98
目的があると、女性はよく覚える　105
総合力にすぐれている女性　107
女性は愛されることを目的に動く　114
女性の思考の中心は誰が自分を愛してくれるのか、である　117
女性は守ってもらえないと自分の存在価値を疑う　120
女性同士が一緒にトイレにいく理由　124
不安をいだきやすいから証拠がほしくなる　126
「何を語り合ったか」よりも、「いかに共感できたか」を重要視する　127
女性は自分の快を中心に行動しがち　129
「一姫《いちひめ》二《に》トラ三《さん》ダンプ」は今も健在　130
感情が動かないとものを考えようとしない女性　133

第三章　泣くから悲しいのか、悲しいから泣くのか

なぜ、女性は涙もろいのか　138
なぜ、泣くと悲しくなるのか　140
男性は泣けない　142
男性が女性の涙にうろたえる理由　144
ウソ泣きができる女性もいる　147
女性がパニックに陥りやすいわけ　148
女性はクルマの運転が得意？　151
パニックの限度を超えた場合　152
パニックになる女性の脳は、「女のカン」の原点でもある　154
恐るべし女性の思考　157
女性にとって言葉とは　162
全体像をそのまま記憶してしまう　164
女性はイメージで行動している　167
女性の二分法　170
女性が迷いやすいわけ　172

第四章　女性のカンを妨害するもの　その①自己欺瞞

女性は、愛されてこそカンが働くようになる　178
女性のカンが当たらなくなる三つの理由　179
間違った情報を入力すると、間違った答を出力する　180
家庭内ストックホルムシンドローム　182
殴られる前に暴力男を見分ける女性　188
二股かけられても怒らない女性　190
女性には父性愛が重要　192

第五章　女性のカンを妨害するもの　その②小さい快しか与えられなかった場合

女性は与えられたものの中から選択しようとする　196
女性はお見合いをすると疲れる　198
実家での「成功体験」が女性のよりどころ　202
幸福に背を向けてしまう女性　204

女性は社会のみんなから愛される必要がある 207

第六章 女性のカンを妨害するもの その③自己受容できない場合

カンが働くためのもう一つの条件――自己受容 210
なぜ女性に自己受容が大切なのか 212
自己受容している女性は、男性に魅力的に映る 214
どんな美人でも自己受容できない女性は男を不幸にする 216
女性は自分の女性性を受け容れることはむずかしい 219
女性は空想の世界でも遊べる 221
女性としての誇りは、カンの正解率を高める 224
いつも楽しいことを考えると、カンが当たるようになる 227
共感できる女性はカンが冴える 229
女性は幼児期に愛されることが大事 231

あとがき　233
追記　236

序章　セクハラを嫌がるのは女性だけ

〈問題〉

カラオケ大会の時、A男さんは、B子さんの肩に手をおいたり、B子さんの腕をつかんだりして、恋人きどりで歌いました。でも、B子さんはA男さんのことが嫌いです。

次に、デュエットする時C子さんがD男さんの腕をさわったり、ぴったり寄り添ったりして、恋人きどりで歌いました。でも、D男さんは、C子さんのことを嫌っています。

では、B子さんが感じた不快感の大きさと、D男さんが感じた不快感の大きさは、同じでしょうか、違うでしょうか。

この答は、あとで述べますが、男女の本質的な違いというのはこういうところに如実に表れます。こういう違いがあるために、男女は協力し合うことはできても、互いに理解し合うことはむずかしいのです。

さぁ、これから一緒に、「女性も知らない女性のホンネ」を探ってみましょう。

なぜカラオケでさわってはいけないのか？

昔から、「美しくなりたくない女性はいない」と言います。では、男性はどうでしょうか。かっこよくありたいと思う男性はいるでしょうが、女性が願うほど切実に美しくありたいと思う男性はごく少数でしょう。

なぜ、女性はこれほどまでに美しさにこだわるのでしょうか。

実は生物学的にも、心理学的にも重大な理由があります。その理由については、この章の後半で簡単に解説しますが、その前に男女差があってはならない、とするおかしな社会風潮の話をいたします。

現代の脳科学によれば、男女の脳は違っているところがたくさんあります。たとえば、左右の大脳半球をつなぐ前交連や脳梁です。視床下部の構造にも男女差があります。こうした脳の構造的な違いが直ちに男女差に直結するとは限りませんが、これまでのさまざまな知見から「男と女の間には深くて暗い川がある」ことは間違いありません。

ところがなぜかそれを認めたがらない人々がいます。地球は平たいと思う人が何万人いようとも、丸いものは丸いように、真実というものは人の思惑や思い込みで変わるようなものではありません。

世の中には、女性らしさとは後天的な学習や教育でのみ作られる不自然なものだ、と信じ切っている人がいます。なぜ男女差があってはいけないと考えたがるのか、筆者にはわかりませんが、科学というものの何たるかを知らないのではないかと思われます。残念なことにこの考え方は、今や社会風潮とさえなっています。男女差別と男女の特性の違いというものを混同しているようです。

百歩譲って、男と女で心の根本が違わないとしたら、いったい恋愛はどうなるのでしょう。男女は違っていなくても恋愛は可能だ、とでも反論するつもりなのでしょうか。女性誌と男性誌の内容の違いをどう説明するつもりなのでしょうか。男女は違わないのだから女性週刊誌を政治や経済記事で埋め尽くしても成り立つとでも言うのでしょうか。

もし本当に男女差がなければ、同性の親友が一人いればそれで充分満足できるはずです。親友が恋人の代わりになるとでも言うのでしょうか。もしそうなら、結婚とは子作りのための共同作業でしかなくなります。これでは結婚生活は合宿になってしまいます。

人が恋愛をするのも、恋人が親友の代わりにならないのも、そして、女性が化粧品や洋服に莫大な投資をするのも、みな男女差があるからです。男女はそれぞれ心の奥底でうんと違っているからこそ、二人が一緒にいる意義も意味も出てくるのです。決して、子どもを作るためだけに男女が恋愛し、役割を分担するわけではありません。

混同してはいけないのは、社会的に男女が不平等に扱われることと、男女の性差を認識することです。両者はまったく違う次元の話です。男女の違いというのは、厳然たる事実であって、それを認めようが、否定しようが、あるものはあるし、ないものはないのです。

たとえば、身長に関して言えば、一般に男性が高く、女性が低いですが、これも性差です。世界的に、どの国の男性も、女性よりは平均五％ほど身長が高いのです。

ちょっと話は横道にそれますが、実は、男性は自分より身長の低い女性を見ると、より女性がかわいらしく思え、なおかつ、女性を保護したくなるという衝動がおきます。身長差というのは、女性にとってはオトクな性差です。上から見ると、目が顔の下のほうに位置して見えるので、よりかわいらしく見えるのです。幼い子どもがかわいらしく見えるのと同じ原理です。子どもも、目の位置が顔の下にあります。人に限らず、鳥類や哺乳動物は一般に幼い頃はみな一様に、ふっくらした体つき、ぎこちない動き、目が大きく、顔の下のほうについている、手足が短い、という特徴があります。こういう身体的特徴は、見る者の養育本能を刺激します。当人には刺激された自覚はありませんが、幼い子（幼い動物たち）を見ていると、なぜか守ってあげたくなったり、保護してあげたくなったりするのです。

私たちの行動は、すべてが意識された行動ではありません。自分の真の動機に気づかずにしている行動が大部分です。こういう視覚による刺激の効果は絶大なのです。後述しますが、絶大と知っているからこそ、女性は美しく着飾ろうとするのです。

さて、ご理解いただきたいのは、身長差に代表される性差が厳然と存在すること、そして、性差があるおかげで恋愛する悦びが生まれ、かつ、恋愛する必然性が生じ、そして結婚すれば、互いに欠点を補い合って精神生活がうまくいくように人間はできている、ということです。ついでに、身長差によって女性がかわいらしく見えるというオマケまでついているのです。

こうした性差を認めないのは、人間の本質を否定してしまうようなものです。非常に非科学的な態度です。

ただ、こうした性差の問題を複雑にするのは、男女の性差よりも、個人差（個体差）のほうが大きい、という事実です。

たとえば、ある会社で背のもっとも低い男性は、その会社でもっとも背の高い女性よりも低いものですし、また、たとえば、女性でも、美しくありたいと強く願わない人がおりますが、その人の「きれいになりたい願望」の度合いを仮に一〇〇としますと、男性でもっともきれいになりたいと願う人の「きれいになりたい願望」の度合いは、二〇〇とか三〇〇もあることがある、ということです。要するに、「もっとも男性らしい女性は、もっとも女性らしい男性よりも男性らしい」ということです。逆に「もっとも女性らしい男性は、もっとも男性らしい女性よりも女性らしい」ということです。

このような事実があるために、科学の世界では、一〇〇人中九五人または九七人以上に当てはまれば、「男性は〇〇だ」「女性は△△だ」と言い切っていいことになっています。

たとえば、かつて猫が風呂に入っているシーンがCMとしてテレビで放送されたことがありました。私は、目玉が飛び出るほどビックリしました。なぜなら、これまで五〇年近く生きてきましたが、一度も風呂好きの猫を見たことがなかったからです。どうせあんなのCGだろうと思っていたのですが、そうではありませんでした。ホンモノだったのです。CM制作者は、なんと二〇〇〇匹目でようやく風呂好きの猫を発見したのだそうです。執念もさることながら、どこにでも例外はあるなぁ、としみじみ思った次第です。話を元に戻しますと、こういう例外の猫がいても「猫は、風呂が大嫌いである」と言い切っても、サイエンスの世界では許されているのです。一〇〇人中一人とか二人という例外的な人を考慮に入れてしまうと、なにもものが言えなくなってしまうからです。国際的に科学の世界では、こうした一部の例外があることを承知のうえでものを言う、という取り決めをしています。そのために国際的な科学論文を書く時は、科学者は統計処理をして考察し、結論を出しているのです。

ところが、こうした科学的方法論を知らずに例外を一つ出して、「だからあなたの言っていることは間違いだ」と反論する人が少なくありません。まるで鬼の首でもとったかのように反論しますが、実は、科学の世界では、例外を一つ持ち出しても反論にはならないのです。

もちろん、だからと言って例外を無視していい、ということではありません。なぜ例外が発生するのか、ということを解明することも科学では重要なことです。例外発生の謎を解くことが新たな発見につながることが多いからです。しかし、ものごとを正しく理解するには、まずは、九五％または九七％以上の人に発生している事実を知ることです。これを知らずして、こんな例外もあるぞ、あんな例外もあるぞ、と細かいことばかりに目を奪われすぎると、人間の本質を理解することができなくなります。

なお、本書は、「多くの女性に当てはまる傾向として、こういうことがあるのではないか」という仮説を書きました。その根拠になったのは、筆者が数千人の女性に対して行ったアンケート調査や面談による調査結果です。そこで得た共通項が多くの女性に当てはまるかどうか検証して、つまり帰納と演繹《えんえき》の作業を繰り返して、筆者が「当てはまる」と判断したことがらをつなぎ合わせて仮説を作り上げました。そのつもりでお読みください。

花を買ってきて自分の部屋に飾る男性はいない

では、話を本題に戻しましょう。

男と女は、どこが違うのでしょうか。

それは、何をしている時にもっともうれしいか、あるいは、何をされることがもっとも不快に感じるか、が違うこと、そしてその時に感じる、快または不快の量に差があることです。

まずは後者の量的な差のほうからお話しましょう。

男女で違うのは量的な差だ、と言うと、「何だ、それだけか」とガッカリする人がいるかもしれません。ところが、物事というのは、ちょっと量的な差があっただけで劇的に変わることがよくあります。たとえば、水が凍る時です。水を摂氏二〇度からだんだん冷やしていくと摂氏一度までは何の変化も見られませんが、摂氏〇度になった途端、いきなり凍り始めます。

人の心もこれと同じです。ちょっとした差が、男女のそれぞれの行動を大きく変えてしまうことがあるのです。「まえがき」で紹介した、おいしいもの、気持ちいいものを求める情熱の男女差もそうです。女性のほうが男性よりも「快」を求める力は強いのですが、男性は、社会的な快（社会との関わりで得る快、たとえば会社で出世する、ノーベル賞を受賞するなどの快）を重視します。女性もこうした社会的な快を得たら、もちろんうれしいのですが、そのうれしさの度合いに大きな男女差があるのです。その差が、行動面においても、また、精神面においても、大きな差をもたらすことになるのです。

また、たとえば、花です。女性はきれいなものが大好きです。そんな女性ですから、きれいな花なら三〇〇〇円払ってもほしいと思いますが、男性なら一〇〇〇円でももったいないと思います。女性はきれいな花を見ることで得られる快感が大きいので、その快感に見合った投資をします。それが三〇〇〇円です。三〇〇〇円使っても、それに見合った「快」が得られるからです。決して女性はソンをした気分にはなりません。

しかし、その点男性は花に一〇〇〇円払っても、一〇〇円分くらいの「快」しか得られないのです。でも街では一〇〇円の花束は売っていません。だから、男性はなかなか花を買わないのです。要するに、きれいな花を見て得られる快感の量の違いは、「もし、花を買うとすればいくらまで払えるか」という平均値を違えさせるのです。平均値が違うことが、女性は積極的に花を買おうとしますが、逆に男性はめったに花を買わないという違いを生じさせるのです。得られる快感の量の違いが、花を買うか買わないか、という大きな違いを生むのです。実際、一人暮らしの男性で花を買ってきて自分のアパートに飾る人はまずいないでしょう。あるとすれば、恋人がアパートに訪ねてくる時くらいでしょう。

花に限らず、他のことでも、たとえばドライブや旅行など、男女がまったく同じ行動をしても、悦ぶ量に大きな差がある、ということです。同じクルマに乗り、同じ風景を見、同じレストランで同じものを食べても、男女それぞれ、どのくらいの量の悦びを味わったかが違う、ということです。

恋人同士で「きれいだね」「おいしいね」と言い合っても、実は心の中では微妙なズレがある、いえ、ものすごく大きなズレがある、ということです。

こう言うと、熱烈な恋愛中のカップルからは「いいえ、私たちはとっても愛し合っているから一心同体よ」と反論されそうですが、残念ながら事実です。

その根拠は第一章で述べますが、反論したくなった人は、三日以上たってから(三ヵ月以上たってからがより顕著です)、デートした時に撮った写真を見ながら、二人で当時の感想を言い合ってみてください。当時、現場では、二人で夕陽を見てきれいだね、と共感し合ったつもりが、その感激の量に微妙な差があることがわかるはずです。特に、三年以上前に旅行した写真なら、歴然とした差が出ます。驚き呆れるほど男女で記憶に残っている内容が違うはずです。

人は誰でも、しっかり記憶したものしか残りませんから、数年たって何が印象に残っているのかを比べ合ったら、いかに互いに違ったものを見て、違った感情をいだいていたかがわかるはずです。記憶した内容、興味を示したもの、そして感激したものの内容や感激した量に歴然とした差があることに気がつくことでしょう。しかも、それは個人差というよりは、性差によることが多いのです。それだけ、うれしい、楽しい、気持ちいい、と感じるネタや感情の度合いが、男女で違うのです。

人は気持ちいいことをする動物

人は原則として、ある行動をして悦びが得られなかったら、その行動はしなくなるものです。人は元来気持ちいいことしかしないのです。ただし、受験勉強の場合は、勉強そのものは嫌いでも、最終的に「合格」という「快」が得られるからやるのです。そういうご褒美《ほうび》がなければ誰も苦しい受験勉強などはしません。要するに、基本的に人は、快が得られない行動はしない、ということです。

人が、無償の愛で人を愛することができるのは、金銭的見返りなどがないという意味で無償であって、本当に何も見返りがないわけではありません。実は、人にとって、人を愛することそれ自体が大きな悦びなのです。愛される悦びを一〇〇としますと、愛する悦びはその二割増しの一二〇です。ですから、人は、人を愛した時点ですでに「快」という見返りを得ているのです。だから、相手から金品の見返りを必要としないのです。本物の愛というのは本来そういうものです。

もし、そんな愛などこの世に存在するはずがない、などと言う女性がいたら、そうとうなひねくれ者です。一生、ホンモノの愛には出会えません（本来、女性というのは、ホンモノの愛を求めています。そして、ホンモノの愛情でないと、女性の心は満たされないのです)。

要するに、人は悦びの得られない行動はしないのです。これは人間だけでなく、動物一般に見られる現象です。人を含めて、動物はいずれも、不快を避け、快を求めるのが行動の大原則なのです。

この原則は、逆に言えば、人間は自分が快だと感じることを熱心にする動物だ、あるいは、快が得られる行動を繰り返し行う動物が人間だ、ということです。そして、大きな快が得られることほど、人は熱心にその行動を繰り返そうとします。女性にその傾向が強いものです。

女性は、たくさんある悦びのネタの中でも、特に恋愛や結婚から大きな快を得ようとする傾向が強いものです。女性が熱心に化粧をし続けるのも、きれいになることが快であり、かつまた、化粧することで大きな利益(=愛されるという利益、または、愛されないのではないかという不安から回避できるという利益)を得ているからです。

詳しくは第一章で解説しますが、若い女性の場合は、何と言っても「恋愛」が重要です。重要ということは、恋愛から大きな快を得ているということです。女性にとって、恋愛における快感の大きさは男性よりも何倍も大きいのです。セックスにおける快感も、一般には女性のほうが男性よりも何十倍も気持ちよさを感じていると言われています。気持ちよさや悦びの質が男性とは違うので、いちがいに何倍とは言えないところもあるのですが、それだけ大きいからこそ女性の恋愛に対する気合いの入れ方が半端ではないのです。

男性は、女性が恋愛に命をかけることを、理性では何となくわかっていても、実際にその熱心な姿を見たらビックリすることでしょう。

「愛されること」こそが女性にとってのもっとも大きな快感だからです。だから、女性は美しくなりたいのです。それゆえ、女性はすべてを捨てて恋愛に命を捧げることが可能なのです。

ただし、だからと言って、男性が恋愛に命をかけない、ということではありません。男性も恋愛に命をかけます。しかし、女性のように、すべてを捨てて恋愛に走る、ということができにくいということです。そういう男女差を見て、昔の人は、「女性は両手で恋をするが、男性は片手で恋をする」と表現したのです。男性は、社会の中での自分の位置（または地位）を捨てて恋愛をとることは非常にむずかしいのです。こういう差は、量的な差というよりは、質的な差に属します。

後述しますが、男性は社会の中で自分の位置が不明瞭だと精神的に不安になるのです。でも、女性にはこういう不安がほとんどありません。女性にはわかりにくい男性特有の不安です。

なお、経済的理由で会社にしがみつかざるを得ない女性の場合は、会社の中での自分の重要度が低いと不安になりますが、しかし、それでも前述の男性の不安とは、不安の質がまったく異なります。女性は、経済的に困らなければ働かなくても平気でいられることが多いのですが、男性の場合は、たとえ経済的に困っていなくても、何らかの形で社会とかかわっていないと不安になってくることが多いのです。男女とも、働かなくても収入がある、という生活にあこがれはしますが、本当にそれが実現した時、嬉々として実行できるのは圧倒的に女性のほうです。男性は、数年も働かないでいると、不安になってきます。社会との関わりの中で精神が安定するようにできているからです。だから男性は、精神的な安定という点から考えると定年後が危ないのです。

よほどの怠け者を除き、一般に男性は何らかの形で社会に貢献できないと不安を感じるものなのです。その象徴的事実が、たとえば男性サラリーマンにとっては、たとえお金を払ってもほしいのが地位であり肩書きだ、ということです。極端に言えば男性は、部下のいない形だけの部長であっても、その肩書きをほしがるものです。その切実さは、半端ではありません。給料が下がっても地位や肩書きをほしがるほどです。

女性の恋愛にかける情熱と同じくらいだと言えば、女性にも少しはわかっていただけると思います。男性は、必ずしも経済的な不安回避のためだけに地位がほしいのではないのです。社会や会社の中での自分の位置づけがしっかりしていないと、精神が不安定になるのです。だから地位をほしがるのです。見栄のためだけにほしいわけではありません。

悦びを得ると人の心は安定する

人は男女共、大きな悦びを得ると安心します。悦びを得ると心が安定するようにできているからです。

女性にとって「安心」は特に重要です。女性の精神の安定は安心から来る、と言い切ってもいいくらいです。安心と安定はイコールと言えます。

女性は誰かとつながっているということを確信できると安心します。しかし男性の場合は、女性ほど誰かとのつながりを確認して安心する、ということはありません。多くの女性は自覚こそしていませんが、「人とのつながり」がないと精神が不安定になるのです。

女性はおしゃべりを通して、互いのつながりを感じて、そこから多大なる安心を得ているのです。一方、男性の場合は、社会の中での自分の位置づけを見て安心します。その点、女性は、社会の中での自分の位置づけよりも、身近な人、夫や恋人や友人とつながることで安心を得ようとするのです。

特に異性（男性）から愛されることは、女性に多大なる安心をもたらします。だから、若い女性は恋愛に熱心になるのです。そして、愛されたいから、美しくなりたいのです。「美しい＝愛される＝悦びが得られる＝安心する＝心が安定する」という心の法則を女性は経験的に学びとっているのです。物心ついた頃にはすでに愛されるために美しくなろうとするのです。実際、女の子は三歳の頃すでにファッションに興味をいだきます。洋服の色や形にこだわります。これじゃなきゃイヤと、激しく自分の好みを通そうとする女の子も珍しくありません。しかし、男の子の場合は、キャラクターグッズでもない限り、泣いて自分の好みの洋服をほしがることはほとんどありません。三歳の頃の男の子には、自分をきれいに見せようという衝動はほとんどないからです。

その点、女の子は自分の靴にまで文句を言います。男の子が履きやすい靴や機能性に優れた靴を希望するのとは対照的に、女の子は機能よりもきれいな靴のほうをほしがるのです。洋服とコーディネーションしたがる子も決して珍しくありません。

幼児に限らず、女性は、愛されることを最重要と位置づけているからこそ靴や洋服にこだわるのです。そして化粧品にも莫大な投資をするのです。こうしたものに女性が使うお金の額を男性が知ったら、腰を抜かすほどビックリすることでしょう。男性がクルマを買うのに使う額ほど使っているからです。

もし、読者が男性なら、一度、婦人服売り場に侵入してみることをお薦めします。若い女性から年配の女性まで、ふだん決して見せないような真剣なまなざしで洋服選びをしています。ふだんの恋人や妻の顔とは別の顔がそこにあります。また高価な洋服でも気に入るとポンと大金を出してしまうことにもビックリするはずです。

女性が投資するのはお金ばかりではありません。時間的投資もすごいものがあります。たとえば、女性がファッション雑誌を見ている時間、洋服を選んでいる時間、そしてファッションの話を友達としている時間を合計したら莫大な量になります。おそらく男性の一〇倍から一〇〇倍でしょう。

そして、時間とお金だけではなく、女性の美しくなることにかける「情熱」、つまりエネルギーもまたすごいものがあります。

量です。

たとえばダイエットにかける情熱、投資するお金も時間も、男性と比べたらものすごい

美しくなることに女性が時間とお金とエネルギーを惜しみなく使う目的はただ一つ、愛されたい、ということです。愛されることで莫大な「快感」を得、そして、その快感が限りない「安心」をもたらし、その安心が、自分の心を安定させることを、女性は経験的によく知っているのです。だから莫大な投資をするのです。

逆に言えば、女性にとって愛されないことは、不快であり、その不快が不安をもたらし、その不安が心の不安定さを作り出す、ということです。こんな不安や恐怖を味わうくらいなら、莫大な投資など、どうということはないのです。お金で安心が買えるなら、安い買い物だと女性は計算するのです。

男性の場合は、前述したように、たとえ女性に愛されても、女性の場合ほど心は安定しません。だから、女性ほど恋愛に熱心にはなれないのです。男性は社会の中に生きるという宿命を負った動物であるがために、「社会から認められる」という要因が加算されないと心が安定しないのです。

換言すれば、女性に与えられた行動の自由度は高いのですが、男性は低いということで

す。つまり、女性は社会に出て働くという選択肢も用意されているし、家庭に入って主婦になる選択肢も用意されているのに対し、男性は、社会に出て働くという選択肢しか用意されていないのです。まれに、主夫をしている男性がおりますが、前述した一〇〇人中五人未満の例外的男性です（ただし、その男性が異常というのではありません。正常です。たいていそういう男性には、働いているほうが生き生きするという女性が妻になっているものです。結婚する男女は互いに相手をよく見て夫婦になることが多いのです）。

要するに、男性は、女性に愛されただけでは心が安定しないのです。社会の中での自分の位置づけがしっかりしているというもう一つの要因がないと、心が安定しないのです。

それゆえ、男性にとって、会社での「課長」や「部長」という肩書きは、お金を払ってでもほしいものなのです。そういう男性の不安や心情を女性はなかなか理解しませんが、女性が化粧品に多額の投資をするのと同じ原理です。

それだけ、男女は、「うれしい」と感じるネタが違うのです。

洋服に一〇万円を投資した女性の収支

たとえば、A子さんが一〇万円もする洋服を買ったとしましょう。男性には考えられない値段の洋服を多くの女性は比較的平気で買っているものです。

なぜでしょうか。

見返り（利益）があるからです。

では、どんな見返りがあるのでしょうか。

まず、不安を避けられる、という見返りがあります。前述しましたように、女性は不安が大嫌いです。その不安を一〇万円で回避できるのなら、安いと計算するのです。

では、女性はどんな不安を持っているのでしょうか。

筆頭は、男性にモテない不安です。愛されない不安と言い換えても同じです。

実はもう一つ大きな不安が女性にはあります。それは、オンナとしての魅力、つまり性的魅力がないのではないか、という不安です。世の男性たちは自分にオンナとしての魅力を感じてくれているのだろうか、という不安です。もっと直接的な表現をすれば、自分を見て男性が興奮してくれるかどうかです。もっと露骨な表現をすれば、勃起してくれるのかどうか、という不安です。

勃起してくれないと、女性はどんなに望んでも子どもを作ることができません。そのため、女性は自分にオンナとしての魅力があるのか、ないのか、非常に気になるのです。しかも、女性が男性よりも不安をいだきやすいのは、自分一人でそれが確かめられないという事情をかかえているからです。

男性の場合は、自分に生殖能力があるかどうかは、自分の男性器が勃起するかどうかを見ればわかります。しかし、女性の場合は、自分一人ではチェックできません。相手の男性が自分の裸を見て勃起してくれるかどうかを見ないとチェックできないのです。勃起しなかったら、女性は非常にショックを受けます。そのショックは男性には想像もつかないほど大きなものです。男性が性的に不能になったのと同じくらい、いえ、それ以上のショックです。

そういうことにならないよう女性は少しでも若く、少しでもきれいに見せたがるのです。高い生殖能力をアピールすること、つまり「若くて健康で美人」に見せること、これが化粧をする究極の目的です。

だから、「高い洋服を買うことで、女性としての魅力がないのではないか、という不安が減るのなら一〇万円でも安い」と女性は考えるのです。もちろん、こういうことを女性は言語化して意識しているわけではありません。しかし、この不安こそ女性を高い化粧品や高い洋服に走らせている最大の原動力なのです。

また、女性は、経験的に男性が視覚的イメージを重視することを知っています。それは、数年も女性をやったら誰でも経験することです。女性は男性から見つめられる存在であることを経験を通して学習するのです。男性にはない女性特有の経験です。だからこそ、ダイエットしてスリムな体型にしようとするのみならず、外見、つまり、洋服にもこだわるのです。魅力的な洋服を着ることで、男性をより強く勃起させられることを、女性は直感的かつ経験的に知るのです。

　この点、男性は、女性ほど愛されたい願望がありませんし、また、生殖能力は自分でチェックできますので、こういう女性特有の不安を理解することは困難です。女性のいだくこの不安の大きさがいかほどのものか、想像すらできません。そのため男性は女性に向かってブスだのデブだのと冗談半分に言いますが、それがいかに女性を傷つける行為なのか、理解できません。男性は女性ほど顔や体型のことを言われても傷つかないため、女性もさほど傷つかないだろうと安易に考えてしまうからです。でも、女性にとっては大問題です。だからこそ冗談でも深く傷ついてしまうことがあるのです。

ただ、当の女性も、前述しましたように、自分には愛されない不安があるとか、自分に生殖能力があるかどうか（＝男性を勃起させる力があるかどうか）という不安があるなどと、言語化して恐れているわけではありません。でも、心の中ではちゃんと計算して、無意識だけど意図的に画策しているのです。

たとえば、こんなぐあいです。

……このきれいな洋服を着たら、きっと多くの男性が寄ってくるだろう、三万円のフランス料理のフルコースをおごってくれるかもしれない、これで実質七万円の支出となる、もう一人の男性にもおごってもらったら、実質四万円の出費になる、いや、それればかりではない、多くの男性にモテるし、自分が愛される女であることが確認できる、この安心がたまらない。友人のB子もきっとかわいいと言ってくれるに違いない。一〇万円と引き替えにこの快感と安心が手にはいるのなら安い買い物だ……。

だから、女性にとっては、一〇万円の服でもそれほど高いとは感じないのです。実際、かわいいね、と多くの人から言われたら、たとえ誰にもおごってもらえなくても、充分採算がとれるのです。

繰り返しますが、九九%の女性がこういうことをいちいち意識して買い物をしているわけではありません。ただひたすら自分をきれいに見せられる服装を必死に追求しているだけです。アパレル業界や化粧品業界はそうした女性心理をよく知っていますから、巧みな宣伝で女性をあおります。美しくなるための支出は女性特有の「愛される安心料」と考えていいでしょう。愛されないかもしれない不安からの回避料です。

女性が一生に使う衣装代と男性が一生に使う衣装代は、一般にはおそらく一ケタは違うのではないでしょうか。少なくとも数倍以上の違いはあるでしょう。それだけ男女は違う、ということです。

なぜ異性を理解できないのか

私の個人的な体験を一つ紹介しましょう。

知人の六二歳の女性が乳ガンの手術をしました。妻が「ショックだろうなぁ」と言うので、私はなにげなく、「でも、もうあの年になったら乳房は用済みだから、一つくらいなくなってもたいしてショック受けないんじゃないの」と言ってしまいました。妻は怒って、あなたは女心がわかっていないと反論します。驚いた私は、「だって、あの年になったら誰もおっぱいを見たいという人もいないだろうし、子育ても終わっているし、もう用済みなんじゃないの。切って命が助かるのなら喜ばしいことだと思うけどなぁ」と反論しました。すると、妻は、次のように語りました。

「男性からすれば年をとった女性の乳房は、見たくもないものかもしれないけど、女性にとっては、乳房は女性の象徴そのものなのよ。そりゃ、若い子よりはショックは少ないと思うけど、でも、女は年齢に関係なくいつまでも女でいたいものなの。だから、女の象徴である乳房を失うことはショックなのよ」そして、最後に、「あなたの発想は男の側から見た身勝手な発想よ」と付け加えられました。

確かに私の発想は男の発想でした。自分自身が六〇歳を過ぎた女性の乳房に興味がないものだから、本人も、もう必要ないだろうと勝手に決めつけてしまっていたのです。

同じような体験がもう一つあります。かつて某テレビ局でやっていたことなのですが、フロントホックブラに関するものです。

女性に「フロントホックブラって知ってる?」という質問をすると、「うん、知っている、前で留めるヤツね」と言います。男性に同じ質問をすると「うん、知っている、前ではずすヤツね」と答えます。

ブラジャーをする立場の女性と、それをはずしたがっている立場の男性と、それぞれの立場で答えているのです。

何を不快と感じるかにも男女差がある

さて、快を感じるネタが男女で違う、というお話をこれまでしてきましたが、不快を感じるネタも違います。共通している部分もありますが、違うところも少なくありません。

たとえば、誰かにさわられる、というセクハラ行為です。最近、問題になっていますね。この章のはじめで考えてもらった問題です。

なぜ、これだけ注意しても、男性は、カラオケなどの場で女性の同僚にさわりたがるのでしょうか。

それは、男性にはもともと女性にさわりたい、という根源的な願望があるからです。特にかわいい女性を見るとさわりたくなるのです。だから、何かと理由をつけてさわろうとするのです。

女性はどうでしょうか。さわられたいと思っているのでしょうか。

原則としてはそうです。女性には確かにさわられたい願望があります。さわりたい男とさわられたい女、ものごとはうまくいっています。

では、このように両性とも願望は一致しているのになぜセクハラ問題になるのでしょうか。

それは、女性がさわられたいのは、自分が好きな男性からだけ、という条件がついているからです。女性は、自分が好きな男性からさわられたいし、実際さわられると気持ちいいのです。でも、嫌いな男性からさわられると、逆に気持ち悪くなってしまうのです。

さわりたい男に、さわってもらいたい女でこの世は成り立っているのですが、男性は若くてきれいな女性なら誰にでもさわりたいという願望があるのに対し、女性は自分が気に入ったごくごく少数（たいてい一人）の男性にしかさわられたいと思わないのです。このギャップがセクハラ問題をおこすのです。

では、男性は、女性がさわってほしくない男性からさわられて不快に感じていることがわかっているのでしょうか。

答は、「わかっていない」です。

理性ではわかっていても、感覚的にはわかっていないのです。

なぜ、男性は女性の不快感がわからないのでしょうか。

それは、経験がないからです。男性は、女性にさわられて不快な思いをしたことがないのです。

こう言うと女性はビックリするかもしれませんが、男性は、たとえ嫌いな女性から体をべたべたさわられても、女性ほど大きな不快感を感じないのです。いい気持ちにはならないかもしれませんが、女性のようには、大きな不快感は感じないのです。まして、あとで、さわられたことを思い出してはぞっとする、というようなことは男性にはありません。

女性の場合は、もしイヤな男性にさわられたら、まるでゴキブリかヘビにでもさわられたようなおぞましさ、身の危険を感じますが、男性は、せいぜいハエが自分の手にとまった程度の不快感しかないのです。だから、セクハラ防止を訴えても、なかなか男性は理解してくれないのです。理性では、不快なんだろうな、とはわかっても、女性の切実さはわからないのです。人は誰でも、自分が経験したことしか理解できないものだからです。そういう意味では仕方ないことです。

いえ、男性を弁護するつもりで言っているのではありません。女性がふだん当たり前のように感じる不快感を、男性は一度も味わったことがないのです。もし、男性が、女性と同じように、嫌いな異性からさわられて不快に感じるのであれば、この世にセクハラは存在しないことでしょう。

女性なら誰でも、イヤな男性に肩や手をさわられて、気持ち悪くて、その夜、お風呂でゴシゴシ洗ったとか、三日間くらい自分の肩や手が気持ち悪かった、というようなおぞましい体験の一つや二つはあるものですが、男性にはそういう体験は皆無なのです。女性にとっては当たり前に感じる不快感を、男性は一生体験することがないのです。すごい男女差です。

このような事情があるためにセクハラに対する意識が男女で違ってきてしまうのです。繰り返しますが、男性が単に無神経だからではありません。経験を持てないために女性の不快さが理解できないのです。

しかし逆に、女性にとってなんでもないことで男性が傷つくこともあります。たとえば、男性が女性に見下《みくだ》されたり、拒絶されたり、疑われたり、軽蔑されることです。もちろん、女性も、恋人の男性に軽蔑されたら悲しいですが、男性の受けるショックは女性の何倍もあるのです。

「男を殺すのに刃物は要《い》らぬ、ちょっとなじればそれでいい」

これは筆者が作った言葉です。男性を殺すのにもっとも効果的なことは、刃物で刺すことよりも、「あなたはダメな男ね」となじることです。男性は、女性からの否定、拒絶、軽蔑に非常に弱いのです。特に自分の妻や恋人から見下されることほど辛いものはありません。

たとえば、セックスの最中に女性に拒絶的態度をされると、男性は立ち直れないほど傷つくことがあります。男性にとってセックスは、女性に受容されている象徴的行為です。その時、途中で拒否されたら、男性はすごくショックを受けるのです。そういう傷ついた男性を見て、「まぁ、だらしない男ね」とか「そんなことで傷つくなんて弱い男」と解釈してしまいがちですが（そんなことを口に出して言ったら男性は更に深く傷つき、インポテンツになってしまいます）、実はそうではありません。

男性は女性に肯定してもらったり、ほめてもらえないと、とっても不安になる動物なのです。まして、好きな女性に拒絶されたり軽蔑されたら、男性としての自信をすっかり失ってしまいます。全人格を否定されたようにすら感じるのです。男性は女性に受容してもらいたいのです。拒絶はその逆なので深く傷ついてしまうのです。

話はそれますが、男性の心を射止めようと思ったら、彼を家によんで、手料理と笑顔で彼を迎えることです。料理というのは、男性にとっては最高の受容のサインです。笑顔も、強烈な受容のサインです。将来、恋人を「メシ炊き女」にしたいから男性が悦ぶわけではありません。受容のサイン＝料理を作ってもらうこと、だから男性はうれしいのです。女性が男性に料理を作ってもらう悦びの何十倍も男性はうれしいのです。

さぁ、それでは、そろそろ次の章で、女性の思考の特徴をお話しいたしましょう。男女で思考形態が思っている以上に違っていることがおわかりいただけると思います。

第一章　感情を正確に記憶する女性たち

〈問題その一〉

男女二人が夕方遊園地から出てきました。男女それぞれに、きょう、どんな順序で乗り物に乗ったか、質問しました。正答率の高いのはどちらでしょう。

〈問題その二〉

「きょう、遊園地で楽しかった乗り物を順に言ってください」と男女それぞれに質問した時、スラスラと答えられるのはどちらでしょう。

記憶の男女差

正解を申し上げましょう。

男性は、どんな順序で乗り物に乗ったか、という質問には女性よりも正確に答えられます。一方、女性は、今日一番楽しかった乗り物は？　という質問には男性よりスラスラと答えられます。

このような違いが生じるのは、男女の記憶の仕方の違いによるのです。ただし、序章でもふれましたが、こういう事象には個人差が大きいのです。女性でも、正確に順序を答えられる人もいれば、男性でもチンプンカンプンの人もいるということです。しかし、それぞれの正答率の平均値に明確な男女差があるのです。

大多数の女性は、楽しかった順序で頭の記憶が整理されています。乗った順序が記憶されないのは、それは女性にとってはどうでもいいことだからです。どれが一番楽しかったかが重要なのです。人は誰でも自分にとってどうでもいいものごとに関しては記憶しないものです。どうでもいいことをいちいち記憶していたら、脳のメモリーはすぐいっぱいになってしまうからです。

女性にとっては、楽しいことが何よりも優先されるので、順序に関しては無頓着になるのです。その代わり女性は、快とか不快の感情をしっかりとかつ正確に記憶するのです。だから一般に女性は男性よりも自分の感情を表現することが得意なのです。

もし、女性に「遊園地で何が楽しかったか」と聞こうものなら、乗り物の話だけでなく、園内で食べたり飲んだりしておいしかったことや、園内で見かけた変わった人の話など、印象に残った話を全部したがります。また、ジェットコースターでは彼が本気で怖がっていたのが面白かったとか、お化け屋敷では彼がリードしてくれたので頼もしかったなど、聞かれもしないことまでどんどん感想をしゃべり出します。女性は、自分の喜怒哀楽を優先的に記憶するばかりでなく、正確に記憶するのです。だから女性のおしゃべりは、感情の話が中心になるのです。

女性は喜怒哀楽の感情を記憶する

もし、仲良し四人組の女性が何かの話題で盛り上がっている時、それをはたで聞いている男性が女性たちの話に割り込もうとしても、それは不可能です。

なぜ、男性はついていけないのでしょうか。

理由は三つあります。

一つは、自分の体験したことのないようなさまざまな感情の話を女性たちがしているからです。

二つめは、男性は感情の記憶が乏しいからです。

そして三つめは、女性たちの話の展開の速さに男性はついていけないからです。女性たちは互いに共感し合っていますので、あうんの呼吸で話題を次々と変えていきますが、共感しきれない男性は、今、何が話題になっているのかすらわからなくなるのです。もし、男性が話に割り込もうものなら、それは三つ前の話題よ、と軽蔑されてしまいます。

女性たちは正確に感情を記憶するからこそ、感情を語り合って楽しむことができますし、また、「共感し合う世界」を楽しむことができるのです。男性も、もちろん、こういうことができないわけではありませんが、男性の四人組が、女性の仲良し四人組のように共感で盛り上がることはできません。居酒屋などで盛り上がっている会話を聞いてみたらわかります。男性のグループと女性のグループとでは、会話の中身が異なることに気づくはずです。女性の会話は感情に関することがほとんどです。むかついた、気色悪かった、気持ち悪かった、おいしかった、気持ちよかった……という会話です。相づちも「そうそう」「そうよねぇ」という共感の表示です。

女性は感情を思い出してから事実を思い出す

女性にとっての「現実」とは、何をしたか、という事実（実際の行動）よりも、それをして「快だったか、不快だったか」という感情のことです。喜怒哀楽こそ現実なのです。

それゆえ、女性にとって、恋人と遊園地に行ったという事実は、次のように認識されます。最初にジェットコースターに乗った時の快感は二〇、次にメリーゴーラウンドに乗った時の快感は四〇、ゴーカートは三〇、お化け屋敷は一〇〇……と、快の感情が記憶され、その記憶は直ちにランキングされます。つまり、お化け屋敷、メリーゴーラウンド、ゴーカート、ジェットコースターの順です。でも、ランキング表を作った時点で、どの順序で回ったかという記憶が消えかかります。女性にとってその時に感じた喜怒哀楽が最重要項目なので、順序はどうでもいいからです。

その代わり、遊園地に入ってから、時系列的に自分の気持ちがどう変化したのかということを女性は思い出すことができます。朝遊園地に入った時の快感は二〇で、その後三〇とか四〇だったけど、そのあと急に一〇〇くらい楽しくなり、それからは彼と何をしても楽しくてずっと一〇〇のままだった……ということです。事実よりも感情が大事だと思っているからこそ、その時の喜怒哀楽を正確に記憶するのです。

しかし、「遊園地で何をした時、快感を得たのか」という事実に関しては女性はあまりちゃんと記憶しません。どちらかと言うと無頓着です。遊園地でデートした一日の感情の起伏を時系列的に思い出した時、ついでに何をしたのかを思い出す程度です。それも曖昧な記憶です。そのため女性は、数ヵ月もすると、遊園地でどんな乗り物に乗ったのかを忘れてしまいます。ましてどんな順序で乗ったか、などという、女性にとってどうでもいい事はもう記憶にありません。「事実」に関する記憶は、女性の場合、断片的、スポット的なのです。でも、当時の写真を見せられたら、正確に当時の感情を思い出すことができるのです。悲しかったら写真を見て再び泣き出しますし、楽しかったら写真を見て再びニヤニヤするのです。それが女性です。その点、男性は正反対です。男性は写真を見て何をしたのか、事実を思い出します。男性は事実を記憶するのは得意ですが、感情を記憶するのは得意ではありません。

第二章でも述べますが、快を追求する女性にとっては、事実よりも、感情を正確に、かつしっかりと記憶したほうが有利なのです。だから、時系列的に遊園地の中をどう回ったか、などという事実をしっかり記憶しても女性には利用価値のない情報なのです。

なお女性は、快と同様、不快なことにも敏感です。避けるべき不快なこともしっかり記憶します。不快と感じることを避けないと、命の危険があるからです。人が不快に感じるというのは、基本的には身に危険が及ぶということを意味します。そのため、人も、ほかの動物も、みな不快を避けることを優先します。つまり、快を求めるよりも強く、かつ優先して、不快を避けようとするのです。命あってのものだねですから当然です。女性は、男性と比較すると、より強く不快を避けようとするのです。

女性は自分の身を守るため、そして、気持ちよく生きたいために、頭の中に、快と不快のそれぞれのランキング表を作ります。だから女性は、何が一番楽しかったか、誰が一番好きか、何が嫌いか、というような質問にスラスラと答えられるのです。

男性の場合は事実を記憶する

男性はと言うと、先ほど申し上げたように、「何をしたのか」という事実を中心に記憶します。感情よりもまず事実なのです。そのためどういう順序で回ったかということには比較的正確に答えられても、何が一番楽しかったのかという質問をされると、しばらく考えないと答が出てこないのです。快や不快の感情の大きさのランキング表作りは後回しです。そのため、「誰が一番好きか」という質問をされると、男性は一瞬、困惑します。しばらく考えないと答が出てこないのです。いえ、しばらく考えても答が出ないこともあります。女性からすれば、そんな簡単な質問にすぐ答えられないなんて、バカじゃないの！と思いますが、しかし、ふだんからランキング表を作っていないとそうなります。男性がバカなわけではなく、ふだんからランキング表を作る生活をしていないから答えられないのです。

そもそも男性の記憶の仕方は、女性と反対に、何をしたのかという事実に感情をくっつけて記憶する、という方法です。男性は、まず何をしたか、という事実を記憶し、その事実に、「うれしかった」とか「悲しかった」という感情を「おまけ」のようにくっつけて記憶するのです。

では、なぜ、男性は事実中心に記憶するのでしょうか。

それは、序章でも解説しましたように、男性は社会とつながっていないと精神が不安定になる動物だからです。「何が事実なのか」「何が実際に現実社会でおきたことなのか」という事実をしっかり認識し、かつ記憶しないと、社会の中で信用してもらえないからです。社会人として信用してもらうためには、事実を正確に記憶するということが最低条件です。何をしたのか自分でもよくわからない、というのは、女性には許されても、男性には許されないのです。そんなあやふやなことでは、男性は社会の中で自分の居場所（職業や地位）を確保することはできません。

要するに、男性にとって、事実をいい加減に記憶していたのでは、会社をクビになってしまうおそれがあるのです。社会的信用を失うのです。社会とのつながりをもって自分の精神を安定させている男性にとっては、社会の組織（会社などの職場）から放り出されることは深刻な問題なのです。

女性は、すべてを捨てて恋に走ることができますが、男性は、常に社会とかかわっていないと、精神が不安定になってしまって、恋どころではなくなるのです。男性が社会の中での自分の立場や社会的信用を大事にするのは、決して見栄のためではありません。家庭を犠牲にしても、職場の人にいい顔をしようとするのは、決して、妻や子をないがしろにしてのことではないのです。

たとえば、電車の中で新聞を読んでいるのも圧倒的に男性が多いですが、単に必要に迫られて読んでいるというよりは、世の中の出来事（事実）を記憶しようとしているのです。日本で、そして世界で何がおこっているのかという事実を知ろうという意欲が男性は強いのです。だから、興味もわくし、また、よく記憶するのです。

そして、社会もまた男性に正確な事実の記憶を求めます。女性にはそうした圧力がないので、わからない人が多いかもしれませんが、男性には常にそうした圧力がかけられているのです。正確な記憶ばかりか、その事実（＝自分の行動）に対する責任をも求められているのです。責任をとるためには、正確な記憶は必須です。

要するに男性は、自分にとっての快か不快かという感情を後回しにして、何はともあれ、目の前で発生した事実を正確に脳に記録しようとするのです。

女性の言う「みんな」とはたいてい三人である

女性のよく使う言葉に「みんな○○だ」「みんなそうしている」というのがあります。たとえば、「みんなあなたのことを嫌っているわよ」「みんなあなたのことを不快に思っているわよ」などと言われたらドキッとします。社内全員から嫌われているのかと解釈してしまいます。

しかし、こういう場合の「みんな」とは、たいてい「三人が」という意味です。自分が親しくつきあっている女性三人、という意味での「みんな」であることが多いのです。もし、社内に別の美学を共通項にしてグループを作っている女性たちがいれば、「あなたはすばらしい人だ」と、まったく正反対の評価を下していることもあります。しかし、女性は、自分の感情に自信を持っていますので、自分こそ正統派だと思っています。自分と違った感性を持った女性グループは異端扱いして無視するか、排除してしまう傾向があります。

「私たちの仲間は六人だから大丈夫」と言われても困りますが、女性は自分の喜怒哀楽の感情に賛同する人、つまり、自分の感性によく似た人を求めてつきあいますので、確かに自分が不快だと感じることは、仲間の女性も同じように不快に感じることが多いのです。一致する人を選択してつきあっているのですから当然です。そして、常日頃から同じ気持ちで盛り上がっては、同じ感性であることを確認し合っているのです。それが女性の世界です。

そのため女性は、自分が感じた「快―不快」という個人的な感情をすぐ「みんなが」と一般化してしまいがちなのです。

なお、女性の名誉のために付け加えておきますと、不快の感情については、女性一般に共通性が非常に高いのです。普遍性があるのです。ですから、不快の感情については、「みんな」を「社内の女性たちは」に置き換える程度でしたら、それほど大きな間違いではありません。当たらずといえども遠からず、です。

女性は世界的に不快については共通することが多いのです。実は、快についても、不快ほどでなくても共通性が高いのです。たとえば、幼稚園児に自由に絵を描かせると、たいてい女の子は、楽園をイメージする絵を描きます。暖色系をふんだんに使い、家があって、人がいて、花があって、木があるというほのぼのとした絵を描くのです。地平線が画用紙の下にあって、安定した絵です。命のあるものを積極的に描くのも特徴です。不思議なことです。

快—不快の感情が脳の中を駆けめぐる女性

女性は思考する時も、事実よりも感情を優先させます。感情の記憶がたくさんあるので、過去の感情を基にものごとを判断しようとするのです。女性の訴え方にその特徴がよく表れます。女性は、人に何かを訴える時、常に感情を先に言います。快だとか、不快だとかがまず第一番目なのです。不快＝悪いこと、という論理で思考するのです。

女性は、男性と違って感情を記憶しますから、話すネタは無尽蔵です。よくもそんなに話をするネタがあるものだ、と男性は不思議に思いますが、喜怒哀楽を正確に記憶し、かつ、共感し合うような会話をすれば、時間はいくらあってもたりません。女性は自分の感情を語るのが大好きなのです。だから自分の感情を一生懸命聞いてくれる人を、無意識ですが必死に探すのです。

それにまた、女性は連想が得意です。詳しくは第三章で述べますが、きのう楽しかったことを一つ思い出すと、一昨日の楽しかったことも思い出すのです。「そう、そう、そう言えばあの時も……」と話が次々に飛び出してくるのです。だから、話のネタが尽きないのです。

考えるネタとなるのが感情の記憶ですから、女性はいきなり結論が出てくることが多くなります。先ほどの「自分が不快に感じたこと＝悪いこと」という結論です。夫婦においては、ちょっと夫に無視されると、すぐ別れるとか死んでやるとか、殺してやる、という結論を出すのです。男性から見れば、論理の飛躍に見えます。妻の誕生日を忘れたくらいで、どうして離婚の話になるのか、さっぱり理解できません。

しかし、女性の言い分はこうです。

「世界の誰が何と言おうと、夫に自分の誕生日を無視されるのは不愉快だし、惨めだ。こんな暗い気持ちで今後夫婦をやっていても悲しいだけだ。従って離婚したほうがいい」というものです。女性の頭の中では、「離婚したほうがいい」という結論は、「悲しい思いをして結婚生活を続けるのは辛い」「従って不快な結婚生活なら、やめたほうがいい」という論理になっているのです。しかし、男性は、どうして一回や二回の悲しみで即離婚なのか、理解できません。

そもそも誕生日を忘れられた悲しみが理解できないのです。いえ、わからなくはないのですが、女性がそんなにも大きな悲しみを感じていることを知らないのです。自分に経験がないからです。男性にとっては、自分の誕生日を忘れられた悲しみは、女性の一〇分の一か一〇〇分の一程度なのです。だから、そんな程度の悲しみで離婚したい、と訴えることが論理の飛躍に思えるのです。

たとえば、こんな話があります。ある母親が、いきなり校長のところを訪ね、「〇〇先生を辞めさせてください」と訴えたそうです。校長が、「どうしたんですか」と尋ねても、「不愉快だ」「気分を害した」「辞めさせろ」という話を延々とするばかりで、何があったのかなかなか聞けなかったそうです。

しかし、一時間ほど不愉快だという訴えを校長にして気分がよくなったのか、すっきりした顔で帰ったそうです。断片的事実をつなげていくと、どうやら家庭訪問の時に、家に飾ってあった骨董品の壺のことで何やら担任の先生との間にトラブルがあったようなのですが、お母さんの訴えを校長が親身になって聞いてあげたせいか、最後は、「別に辞めさせなくていい」と言って帰ったとのことです。「親身になって一生懸命自分の話を聞いてくれた＝快＝いいこと＝辞めさせなくていい」というのがこの母親の論理なのです。

はじめの母親の論理はこうでした。「家宝の壺を悪く言われて不愉快である」「従って、こんな不愉快な思いをさせる先生は辞めさせるべきだ」というものです。明らかに論理の飛躍ですが、しかし、「自分に不快感を与える人は悪い人だ」という経験則を持っているこの母親にとっては、あながち飛躍でもないのです。そういう判断はたいていの場合、当たらずといえども遠からずだったからです。

しかし、この母親のような行動は、女性には許されても、男性がしたら許されません。男性がこんなことを繰り返していたら、社会的信用を失って、職を失ってしまいます。社会は男性には厳しくても、女性にはずいぶんと甘いのです。このことを知らない女性は多いようです。

なお、後日、この校長が担任の先生を呼んで詳しく事情を聞いたところ、次のようなことが判明しました。

(一) 家庭訪問の時間を決める時、この母親の家は、夫婦共働きであったために、午後九時以降にしてくれと言われて、担任の先生はムッとしていたこと。

(二) 次に、そこの家の子が、愛情不足のため、ほかの子に乱暴することが多く、迷惑していたこと。しかも、以前から、もっと子どもに愛情をかけてくれるようお願いしていたのに、親は子どもの教育に無関心で、担任の発言を無視し続けたこと。
（三）約束の午後九時に家庭訪問したところ、まだ当の母親は帰宅しておらず、玄関先で待たされたこと。待たされている時、玄関に高そうな壺が置かれていたこと。生徒も母親がいつもいなくて淋しいと訴えたこと。
（四）しばらくして母親が帰宅した時、待たされてイライラした担任は、「夫婦二人で金儲けに走って、こんな高い壺を買う金があるんなら、もっと子どもを愛してもらいたい」という趣旨の話をしたこと。
（五）しかし、「夫婦二人で金儲けに走って……」という担任の言葉で母親がキレてしまったこと。担任もこれは言いすぎだったと反省していること。でも、あの時は母親の身勝手さに腹が立って、ついイヤミを言ってしまったこと。
（六）玄関の壺は、先祖伝来のもので、買った壺ではないこと。

また、その昔、「男子中学生の坊主頭を見ると、軍隊を思い出して気色悪い」「従って、廃止を検討すべきだ」と言った、女性の文部省（当時）の高官（あえて名前を伏せます）がおりました。中学校における坊主頭の是非はここでは論じませんが、万人が納得できるような理由を提示してもらわないと、人は動きません。実際、廃止の動きはありませんでした。

こういう感情論は女性にはウケても、男性にはウケないのです。当の女性高官は、自分が不愉快に感じるのだから、国民の多くも不愉快に感じるはずだ、従って、賛同が得られるに違いない、と思考したのでしょう。しかし、こういう感情論からいきなり「坊主頭を見たくない↓不愉快だ↓廃止」という結論を出されたのでは、「アイツの顔を見たくない↓不愉快だ↓よって死刑だ」という論理と同じになってしまいます。

一般に女性のこうした感性は正しいことが多く、女性が不愉快に感じることは、人の道に反することが多いのも事実です。実際、こうした女性的思考方法がすばらしい決断となることもあります。しかし、行きすぎると、アイツは気に入らないから死刑にする、という論理の飛躍になる恐れがあるのもまた事実です。

女性は過去の自分の「快—不快」の体験から、自分が快と感じることは自然の法則に一致することであり、逆に自分が不快と感じることは自然の法則に逆らうことであるということを直感的に知っています。実際、女性が快と感じることは自然の法則に合致したことをしている時ですし、逆に、女性が不快に感じることは、自然の法則に逆らっていることをしている時が多いのです。

だから昔から女性は神のようにあがめられてきたのです。そして、当の女性も、女神を見るような畏敬の念で男性に見られると、とてもうれしく感じます。

男性は、女性ほど快－不快を正確に記憶しないため、自分の感情を根拠にものごとを判断しようとはしません。むしろ、そういう行為は危険だと思っています。女性とは逆に、自分の感情をできるだけ排除して理性で判断しようとします。感情ほどあやふやなものはないと思っているからです。確かに男性の場合はあやふやです。

それゆえ男性は、女性も、感情の記憶があやふやだろうと思い込んでいるのです（しかし、実際には女性の感情の記憶はあやふやではありません）。自分の感情があやふやだからこそ、男性は冷静かつ客観的にものごとを見て、論理的に判断しようとするのです。確かにこの方法ですと、万人を納得させることができます。でも、納得させることができたからと言って、それが正解かどうかは実は別問題です。

一方、女性は自分の感情に自信を持っていますので、男性が論理的に思考して出した結論も認めますが、それだけが正解ではないと思うこともしばしばです。実際、理路整然としたわかりやすい結論が必ずしも「正解」とは限りません。女性の感情を基にした直感的思考により導き出された結論のほうが正解であることも多いのです。

公私混同しがちな女性

女性は、自分の快―不快という感情を根拠に生きようとします。快を求め、不快を避けているのです。これを忠実に実行するからこそ、女性は楽しく生きていけるのですが、しかし、多くの女性は、「自分が個人的に感じる不快は一般的な意味でも悪である」「自分が個人的に感じる快は一般的な意味でも善である」と、あたかも普遍性があるかのように考えがちです。

女性の思考回路の基本は、「自分が楽しく生きていくため用」になっていますので、少なくとも当人にとっては、不快＝悪、快＝善であることは間違いありませんが、人間一般まで含めた普遍性があるかと言うと、必ずしもそうとは限りません。男性よりも普遍性はずっと高いのですが、但し書きが必要です。

それは、「自分にとって……」という但し書きです。

不快＝悪、というのは、不快と感じた女性にとって悪なのです。ほかの女性は快と感じるかもしれません。同じことをしても、快と感じた人はよいこととして受け取り、不快と感じた人は悪いこととして受け取ります。要するに、快＝善、という判断は、あくまでも快と感じたその女性にとって、という但し書きが必要なのです。

ただし、先ほど解説しましたように、女性の感じる快―不快には、かなり普遍性があるために一人の女性が快と感じることは「世間一般にとっても善である」ということが多いのです。これはすごい事実です。なぜなら、男性が感じる快と、世間一般の善との一致度は、女性よりも低いからです。

しかし、いつもいつも、女性の感じる快―不快の感情に普遍性があるかと言うと、そうではありません。とんでもない時に、自分の好みが出てしまうことがあります。

たとえば、会社の面接試験です。男性面接官が三時間もかかってやっと一人の人を評価するのに対し、女性は三分間で評価を下すことができます。しかしこれはあくまでも「その女性にとって」いい人か悪い人かという判断です。会社にとって有用か無用かの判断ではありません。もちろん、当の女性面接官は、会社にとって有用な人材であるかどうかということを念頭において判断したつもりでいます。

とはいえ、女性は男性面接官の気がつかないところを指摘する能力がありますので、女性面接官と男性面接官の両方から意見を聞いて結論を出せばより正解に近づきます。

また、女性面接官が有用なのは、入社希望者が女性である場合です。相手が美人であろうが、ナイスバディであろうが、「彼女にとって」いい人か悪い人かを冷静に判断します。この点、男性面接官の場合はダメです。相手が若くてきれいな女性だと、男性面接官は冷静に選んでいるつもりでも、ついつい私情が入ってしまいます。男性が男性を面接する場合は冷静かつ客観的に分析できても、相手が女性だと、私情が入ってしまうのです。まして相手が自分の好みのタイプの美人だったりすると、冷静に思考しているつもりでも、ついつい甘い点をつけてしまいます。世間は美人に甘い、というのはウソではありません。男性は、甘くしているつもりはないのですが、しかし、現実の行動は甘くなってしまうのです。

以上のように、男と女、どっちもどっち、長所と短所がありますので、それぞれいいところを有効に活用するのが智恵のあるやり方と言えます。

女性は自分の快—不快や恐怖の感情を根拠として行動する

クルマのドアを閉める時、やたらと力を込めて閉める女性がいます。五〇年前のクルマならいざ知らず（昭和三〇年代から四〇年代前半に作られたクルマの多くは、ドアを力まかせに閉めないと閉まりませんでした）、今時のクルマで、力を込めないと閉まらないクルマはほとんどありません。

それなのに、いまだにバーンと力まかせにドアを閉める女性が少なくありません。どうしてでしょうか。

それには二つの重大な理由があります。

一つは、その女性の過去において、軽い力でドアを閉めようとしたらドアが閉まらず、そのために誰かに叱られた経験があるからです。クルマが古くてボディにガタのきたクルマだったのかもしれませんが（最近のクルマでも、確かにボディがヘタってくると、閉まりにくくなります）、たまたまドアが閉まらず、叱られてしまったのでしょう。

女性は男性よりも、強く不快を避けようとする傾向がありますので、叱られるという不快を強く避けようとします。そのため次回から、どんなクルマであろうとも、ドアを力まかせに閉めようとするのです。「強くドアを閉めないで」と叱る人は少ないので、その後その女性の、強くドアを閉める行動は修正されることはありません。だから、その行動が残るのです。

もう一つの理由は、女性は恐怖を回避することを優先するあまり、今、自分の乗っているクルマのドアは、どのくらいの力で閉めるのが適切なのか、という発想をしないことです。ドアは閉まればそれでいい、というところで思考が停止しているのです。思考が停止しているので、閉まりやすいクルマだろうが、閉まりにくいクルマだろうが、現実を無視して、いつも力まかせにバーンとドアを閉めようとするのです。頭の中には、かつて、ドアが閉まらなくて叱られた恐怖感が渦巻いているのです。その不快を避けようと必死で、それ以上のことは何も考えていないのです。

なお、参考までに申し上げますと、力まかせにドアを閉めておりますと、クルマのボディにガタがきやすくなります。たかがドアの開閉じゃないか、と思うのは間違いです。新車で購入して二、三年でクルマを取り替えてしまう人はまったく問題ありませんが、五年以降になりますと、歴然と差が出てきます。クルマは多くの人々が思っているほどがっちりとは作られていないのです。

クルマのヘタリのことはさておき、女性の行動の根拠になるのが、こうした過去の恐怖体験なのです。女性は、不快を避け、快を求める、という傾向が強すぎるあまり、「羹《あつもの》に懲《こ》りてなますを吹く」という行動をとってしまいがちなのです。現実がどうなっているのかを見る余裕がなくなってしまうのです。その結果、ドアが閉まらないというトラブルがないので叱られずにすんだけど、クルマのボディーがボロボロになってしまった、ということになるのです。

女性が好きなモノにこだわるのも同じ理由です。好きな色や好きなデザインなどに、女性はこだわります。一度でも快の体験をすると、何度でもそれを繰り返そうとします。そうした傾向が女性には非常に強いのです。「女の一念、岩をも通す」という諺はこういうところから来ているのです。男性にもこうした傾向はありますが、女性のほうがはるかに強いのです。

女性は人とのつながりを感じるために自分の感情を語ろうとする

さて、自分の感情を記憶し、自分の感情を基に思考している女性ですから、女性が悩みごとを相談する時の話し方にもこれが色濃く反映されます。いかに自分が不快だったかという話を延々とします。黙って聞いていると一時間でも二時間でもしゃべり続けます。うんうんと黙ってうなずこうものなら、一〇時間でもしゃべり続けます。それだけ女性は感情の話をするのが得意なのです。

こちらがしびれを切らして「あのー、一体何があったんですか？」と聞くと、五分で、状況説明が終了します。この期に及んでも、客観的に状況説明（事実の説明）のできない女性も数多くいます。主語が誰なのかもわからない話や、要領を得ない話などは、女性特有です。男性でこういう人は全体の一割程度です。しかし、女性は、七、八割がこういう感じです。女性は、自分がよく知っている人のことだと、相手もよく知っていると思い込んで話す傾向が強いからです。初対面の人に対しても、自分の知っている人の固有名詞をどんどん使ってしゃべります。

大部分の女性は自覚していませんが、女性の話の九割は、自分が感じた感情の話です。特別な目的のない日常の会話なら、感情の話だけして女性同士で盛り上がっていればそれでいいのですが、悩みを相談する時も同じようなノリで話をする人が非常に多いのです。いかに不快であるか、ということを延々語られても、解決策を模索することはできません。本当にこの人は、解決の糸口を見つけにきたんだろうかと疑いたくなるほど、延々と不満を訴え続ける女性の何と多いことか！

だからと言って、すぐに「一体何があったのですか？　事実をおっしゃってください」と言うと、多くの女性は不満に思います。この人は、私の話を聞いてくれない悪い人だと怒り出します。こちらは、早く解決策を出したいからこそ、早く事実を聞きたいだけなのですが、女性にとっては、自分の話をちゃんと聞かない人＝自分の感情をちゃんとわかってくれない人＝悪い人、なのです。つまり、自分に対して親身になってくれない悪い人として分類されてしまうのです。

女性にとっての「相談」という概念は、まずは、感情を延々と述べ、それに対して「それはたいへんですねぇ」と共感されてから始まるのです。そういう共感なしでは、どんなにすばらしい解決策を提示されても、実行しようという気になれないのです。共感こそ、女性にとって信頼関係を作る第一歩だからです。女性は、共感してもらってはじめて相手に心を開くのです。共感され、理解されてはじめて信頼関係、つまり、心の絆が形成されるのです。事実だけを冷静に語り合って、クールに結論を出す、ということは、女性にとっては「相談」ではないのです。

人とつながっていると安心するのが女性だと、これまで述べてきましたが、女性は相手に共感してもらうと、「ああ自分はこの人とつながっている」と安心するのです。これが「相談する」ということにおいて、重要なのです。話を聞いてもらっている人と自分がつながっている気がしないと、女性は相談している気になれないのです。有用な解決策を授けてもらうことよりも、より多くの人とつながりを持つことのほうが、実は女性には重要なことなのです。安心なのです。つながりを作ることこそ、女性にとってのもっとも有用な解決策であることが多いのです。

その点、男性はまったく対照的です。九割の男性は、事実だけを冷静に語り、クールに結論を得て、さっさと帰ります。中には、延々と不平不満ばかりを語る男性がおりますが、こういう男性は、不平不満を語るのが目的で来ている人で、結論を出そうとか、アイデアをもらおうという意志はないことが多いものです。

感情に事実がくっついている女性

前述したように、女性の記憶は、快か不快かという感情に事実が付録としてついています。風船が快―不快の感情なら、ピンポン玉が事実です。そして、その風船の大きさの順にすぐ序列をつけるのが女性です。大きな快の時は大きな風船です。小さな快の時は小さな風船ですから、簡単に序列をつけることができます。そしてその快―不快の風船を記憶するのです。そのため、しばらく時間がたつと、気持ちよかったとか気持ち悪かったという感情のみが記憶に残り、何をした時に気持ちよかったのか、という詳細な事実は忘れてしまいがちです。記憶はありますが、正確ではありません。

また、小さな快しか得られなかった場合は、何をした時に得られたのかという事実は、猛スピードで忘れていきます。ある限度以上に大きな快でないと、女性は事実を記憶しようとしないのです。

一方、男性の記憶は、女性と正反対で、風船が事実に相当します。ピンポン玉が快―不快、という感情です。そのため、男性は事実はよく覚えていますが、逆に、その時に感じた感情を忘れてしまいがちです。ある限度以上に感激したことはよく覚えていますが、ある限度以下の感情ですと、事実だけしか記憶に残りません。女性と正反対です。

男女の記憶の仕方をイメージしやすいようにもう少し詳しく解説いたしましょう。

女性の記憶は、快―不快などの感情中心だと申し上げました。風船が感情の記憶なら、ピンポン玉が「何をしたか」という事実の記憶です。

たとえば、A君と遊園地でメリーゴーラウンドに乗って楽しかったとしますと、バレーボールくらいの大きさの「うれしい」という感情に、ピンポン玉くらいの大きさの事実、つまり「メリーゴーラウンドにA君と乗った」という記憶がワンセットになって記憶されます。

そして、快が強い時は、風船が大きくなります。ビーチボールくらい大きくなります。

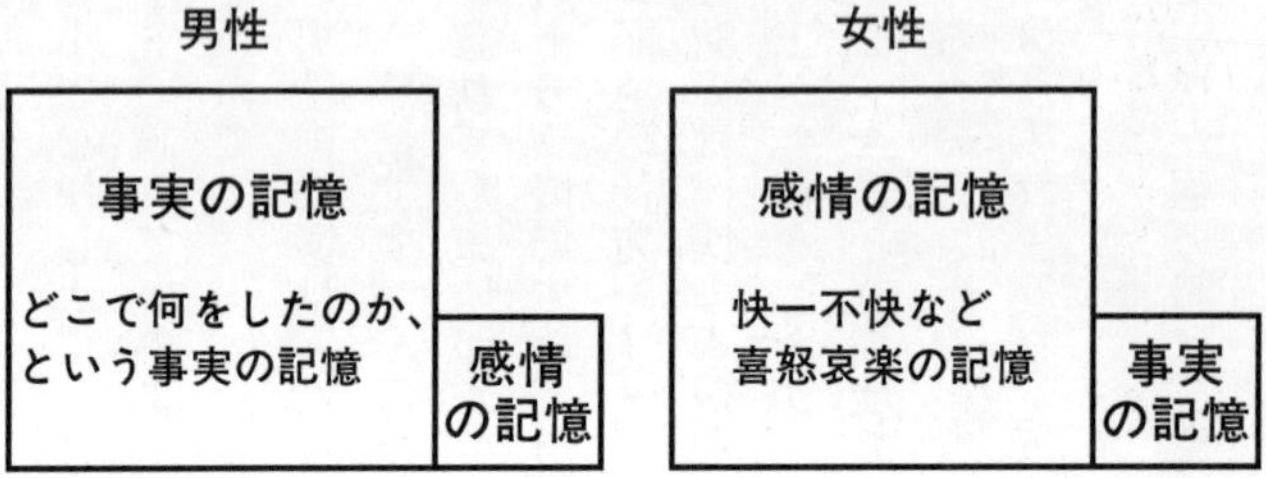

人の思考は、過去の記憶を基にするので、男女でおのずと思考内容が変わってくる

一方、小さい悦びの時は、夏みかんくらいの大きさです。事実のほうは、あめ玉くらいの大きさになります。

次に女性はこれら悦びのボールを大きさの順に並べます。女性は、何をしたら一番楽しいか、誰と一緒だと楽しいのか、それをいつもいつも考えているのです。だから、こういう心理作業をするのです。

極端に言えば、「楽しかった」という感情がまず一番に存在し、二から四がなくて、その次に、何をした時にその快を得たかという事実を思い出すのです。楽しかったという感情こそすべてなのです。だから、女性の会話は、「とにかく楽しかった」ということになりがちなのです。

一方、事実に関しては、断片的に語るだけです。女性同士の場合は、聞いている女性も「何をしたのか」という事実には興味を示しません。女性は相手の気持ちに興味を示すのです。だから感情を聞きたがります。そうした女性同士の会話を聞いている男性には、ちんぷんかんぷんです。一体何の話をしているのかさっぱりわかりません。いえ、女性たちが何で盛り上がっているのかさえわかりません。宇宙人の会話に聞こえます。女性が感情の会話で盛り上がれば盛り上がるほど、男性は理解不能に陥るのです。

一方男性の場合はその逆で、「A子さんと東京ディズニーランドで、夕方、メリーゴーラウンドに乗った。自分は白い馬で、A子さんは茶色の馬だった。乗っている時、A子さんは、キャーキャーはしゃいでいた」という事実が風船くらいの大きさで記憶されます。「楽しかった」という感情が付録のようにくっついて情景とワンセットで記憶されます。

人はもともと、記憶する時、快とか不快という感情を事実と一緒に記憶するようにできています。しかし、事実と感情の大きさの割合と正確さが男女で正反対なのです。こうした記憶に残す内容の違いと正確さの違いが、のちにその出来事を解釈する時に大きな影響を与えるのです。人はものを考える時、過去の記憶を基にするからです。同じことをしても、あるいは同じものを見ても、男女で印象が大きく食い違ってくるのは、「何を記憶するか」が違うからです。

女性は、男性に関しても同じシステムで記憶する

女性は、男性を評価する時も、遊園地で楽しんだ時と同じやり方で記憶します。誰といる時が一番楽しいかを中心に記憶するのです。だから、心の中に、「好きな人ランキング表」ができています。男性の名前と一緒にいた時の快感をくっつけてランキング表を作るのです。いえ、正確には快感のランキング表に男性の名前が付録のようにくっついているのです。

男性はこの種のランキング表は作りませんが、たいていの女性は、自分の身のまわりの男性に点数をつけているものです。一緒にいて楽しい人のランキング表です。過去の総合点、つまり、野球の打率と同じ計算方法でランクをつけるのです。

女性は「誰が自分を一番気持ちよくさせてくれるのか」「誰が自分に安心とリラックスをもたらしてくれるのか」「誰と一緒にいる時、自分は一番楽しいか」ということを無意識ですが、いつも真剣に考えています。女性は誰かと一緒にいて、「気持ちよくありたい」という願望が非常に強いからです。

その点、男性の場合は、逆に、自分が女性に何かいいことをしてあげて一緒に楽しもうとします（ただし、マザコン男はそういう発想はしませんので注意が必要です）。男性は女性に悦びを提供したいのです。その点女性は、「楽しませてもらおう」という意識が男性よりも強いのです。女性を楽しませたいと思っている男性と、男性に楽しませてもらいたいと願う女性（ただし、父性愛をもらっていない女性はその限りではありません）。男と女はうまくできています。

また、女性は、同性といる時は、誰が自分に一番共感してくれるのか、自分の感性と一致度が高い女性は誰か、ということを指標にランキング表を作ります。共感を通してつながることが悦びであり、安心だからです。一方、異性である男性といる時は、誰が一番自分を愛してくれるのか、誰といる時が一番楽しいか、ということを指標にランキング表を作るのです。男女に対する期待が明確に違うのですが、ふだんから自分の心をよく見て、正確に快―不快の感情を記憶し、そして分類整理し序列をつけているのです。

また女性は、相手が異性の場合、誰が自分を真剣に末永く愛してくれるのか、ということをチェックするための情報収集を怠りません。集めた情報は直ちに解釈されます。だから、女性は何かと解釈したり（自分にとって有用かどうか、いいことか悪いことか）、評価したり（おかしいことか、おかしくないことか）、比較したり（自分がその人にとって一番かどうか）するのです。

たとえば、こんな具合です。

「本命のA君は自分に気持ちいい愛をくれそう。B君はお人好しなので、クルマで送ってもらう時などは便利な人。それにお金持ちなので、利用価値大。しばらくキープしておこう。会社のC課長とは不倫するつもりはないけど、私に気があるので適当にヨイショしてあげていると時々高級レストランでごちそうしてくれるありがたい人。おいしいものを食べたい時は便利な人だ。D君はダメ男だと思っていたけど、先月社内旅行に行った時、酔いつぶれた人を親切に介抱していたので好感度アップ！　見かけは悪いけど、D君のようなやさしい男性を夫にしたら幸せかも……」

もし、B君やC課長がこういう女性の裏側を知ったら、「何だよ！　利用されているだけか！」と怒り出すかもしれません。

しかし、女性は必ずしも、男性を利己的に利用する目的でこうした解釈や評価や比較をしているわけではありません。親切にされたい側の人間としては当然の作業です。そして、男性のかかえている、怒りや不信やねたみで汚染されやすい女性としては、当然の自己防衛対策なのです。こうやって常に情報を解釈しておかないと、間違った人と間違ったつきあいをしてしまって、心も体も汚染されてしまうからです。汚染される心配のない男性からすれば、ランキング表作成にしても、このような情報の解釈、評価、比較作業にしても、女性は現実的で、利己的に見えますが、必ずしもそうではないのです。

女性たちはそうやって、必死に自分の心と体を守ろうとしているのです。女性は汚染されやすいからです。汚染源となるスケベな上司や変質者が社会にはたくさんいるからです。一番怖いのは、やさしそうな顔をした汚染源です。こういう悪い男にだまされないように、女性たちは常に女性同士で情報を交換し合うのです。

若い女性にとって男性のうわさ話というのは、「自分の身を守る」という重要な意味があるのです。決して、男性を利用するための情報収集ではないのです。

収集された情報を解釈、評価、比較して、更に、自分が個人的にその人とつきあって得た悦びの感情などの情報を総合してランキング表を作るのです。ただし、繰り返しますが、このランキング表は、あくまでもその女性にとってのランキング表です。そしてそのランキング表は、男性の人間としての価値のランキング表ではありません。

ですから、男性が、ある女性にとっての自分のランクが下だからといって落胆する必要はありません。人間としてダメだと烙印を押されたわけではないからです。ただ、女性は独特の鋭いカン（第三章で解説します）で男性を評価しますので、しばしば、女性のランキング表が会社の出世のランキング表と一致することがあります。男性もそれをうすうす知っているために、自分がランクの下に位置づけされることを恐れるのです。

特に、自分の仕事を楽しみ、仕事に自信と誇りを持っているお父さんから愛された娘の作るランキング表は一致する傾向があります。しかし、第五章でも解説しますが、マザコンパパや愛情薄いお父さんを持った娘は、ランキング表が一致しない傾向があります。

女性はランキング表を作っている

男性は女性に親切にして悦ぶ動物で、女性は男性に親切にされて悦ぶ動物です。そのように男女の心ができています。ですから、親切にされる側の女性は、誰の親切が一番気持ちよくて、かつ、永続性があるのか、ふだんからチェックしておく必要があるのです。

何のためのチェックでしょうか。

理由は二つあります。

一つは、突然デートに誘われた時のためです。ランキング表がないと、ＹＥＳかＮＯかを即答できないからです。

そして、もう一つは、女性が自分の身を守るためです。女性は、男性の心の中にある怒りやねたみというマイナスの感情で汚されやすいのです。一緒にいるだけで、男性の怒りや不信が心の中に入ってきて、気持ち悪くなるのです。セクハラされた時の不快感と同じ原理です。そのため、ランキング第何位以上の男性からなら肩をさわられてOKとか、第何位以上の男性ならキスしてもいいとか、常々考えているのです。「セクハラは、何をされたかよりも、誰にされたかによる」と言われるゆえんです。

ランクの下位の男性の場合、ちょっとさわられただけでも「キャー！」と叫びたくなるのに対し、ランクの上位の男性なら、ちょっとさわられただけで、「キャー！」とうれしい悲鳴をあげるのが女性なのです。同じことをされても、片やセクハラ、片や幸福なのです。親切にしたい側とされたい側とでは、行動も思考も大きく違ってきてしまうのです。

男性なら、女性に親切にしてみて、相手がありがたがってくれなかったら、じゃ、しょうがない、ほかのありがたがってくれる女性を探そうですみますが、女性は、ヘタにベタベタされたら不快感があとあとまで残ってしまって、たいへん迷惑するのです。だから女性は常日頃から、受け容れていい人か、拒絶すべき人か、決めておかないといけないのです。

要するに、女性が被害を受けないように、そして、より多くの悦びを得るためにランキング表が必要なのです。ミスコンテストみたいなノリで男性を品定めしているわけではありません。幸せになりたいため、被害を免れるためのランキング作業なのです。

なお、誘われた時、ランキング第何位までの男性にOKを出すかは、それぞれの女性の基準で決まります。第一位でないと絶対イヤという女性から、嫌いでさえなければとりあえずOKする、という女性までさまざまです。

女性は「過去の美しい思い出をいだいて生きる」ことができる

女性の感情の記憶は正確だと申し上げましたが、正確に記憶するということは、過去の感情を正確に思い出せる、ということでもあります。まるでテープレコーダーのように、過去の感情を正確に再生できるのです。つまり思い出せるのです。男性にはできない芸当です。

たとえば、こんな具合です。

デートの時、自分のお気に入りの洋服を着ていったとしましょう。彼もその洋服をいたく気に入り、「すっごくかわいいよ！」と連発してくれました。女性はとてもうれしく感じたとします。その時感じた「うれしい」という感情を、女性は正確に記憶します。

次にその洋服を着る機会があった時、彼にかわいい、と言われてうれしかった気持ちを思い出して、女性は一人ほくそ笑むのです。何かをきっかけに当時の気持ちを思い出しては、ニンマリするのです。こういうことは女性にとってはごく当たり前のことですが、実は男性にはなかなかできないことなのです。男性は、過去の事実を思い出してニンマリすることはあっても、過去の感情だけを正確に思い出してはそれを反芻《はんすう》し、もう一度悦びに浸る、ということはなかなかできないことなのです。

また、女性は、彼と気持ちいいキスをしたことも、当時の気持ちよさを思いおこしては、もう一度、いえ、何度も当時の気持ちよさに浸ることができるのです。女性は何度も悦びを思い出し、何度も悦びを味わうことができるのです。

ですから、彼と気持ちいいセックスをすると、彼のことを思い出しただけで、女性器が濡れてきたりするのです。淫乱だからではありません。彼のことを思い出した時、彼とした気持ちいいセックスを思い出し、その快感を追体験してしまうために、体が反応しているのです。女性は、かくも感情を正確に脳に記録し、そしてそれを引き出して、まるで、今自分が実体験しているかのごとく、過去の気持ちよさを味わうことができるのです。だから、女性の場合、過去の美しい思い出をいだいて未来に生きることが可能なのです。

一方、男性は、過去においてどんなに気持ちいい体験をしても、女性のように、未来においてその気持ちよさを味わうことはできません。だから、男性は、常に気持ちいいことをし続けなければいけないのです。換言すれば、自転車操業と同じく、男性には日々の気持ちいい体験が必要なのです。

こういう違いが、配偶者に先立たれた時の男女差になって表れるのです。

たいていの男性は、奥さんに先立たれると落胆して生きる気力を失います。奥さんを亡くした途端に急にぼけが始まったりすることがあります。過去の快の感情を思い出せないからです。

一方、女性の場合は男性ほど落胆しないことが多いものです。概して元気です。過去に夫と共に感じた悦びを思い出すことができるからです。だから、何十年もタップリと夫から愛された妻なら、夫が死んでもそれほど淋しくないのです。心の中にはたくさんの快が記憶されているからです。

たとえ夫婦仲が悪くても、男性は落胆することが多いものです。それだけ男性は配偶者を必要としている、ということです。

女性が腹を立てる理由

これまでお話ししましたように、男性には「過去の快の感情を思い出しては一人ほくそ笑む」という能力はありませんので、これが時として男女間で誤解やスレ違いが発生する原因になることがあります。

たとえば、「自分が彼を思うように彼からも思ってもらいたい」「そういう思われ方こそ真実の愛だ」と思い込んでしまうことです。

女性はきのうのデートで楽しかったことを思い出しては、一人ほくそ笑むことができるばかりでなく、その前のデートの時の快の感情までをも思い出しては、頭の中を楽しい思い出でいっぱいにすることができる、と解説しました。今得た悦びが過去の悦びを刺激して、脳の中は悦びでいっぱいになるのです。もちろん、悦びの感情に付随して彼のことも思い出します。すると、女性は、「彼もこんなふうに自分を思い出してくれているのかなぁ」と考えます。ここまでは何の問題もありません。

しかし、女性は彼にも自分が彼を思うように自分を思ってほしくなるのです。ここで問題発生です。

なぜなら、女性なら誰でもできるこのことが男性にはできませんので、恋人との間に誤解や怒りを生む原因になるからです。次に彼とデートした時、「私のことをどんなふうに思い出している?」「私があなたを思い出すように、あなたも私を思い出している?」としつこく聞いてしまうのです。男性は困ります。男性は、過去のデートの悦びを次々に思い出す、という思い出し方はできないからです。当然、男性からの答は期待はずれになってしまいます。

しかし、だからと言って男性に愛がないということではありません。好きな相手と気持ちよかった感情を四六時中思い出すというのはあくまでも女性の方法であって、それだけが唯一相手を思う方法ではありません。自分がそうだからと言って男性にもそうしてほしい、と願うのは酷というものです。男性はもともとそういうことが不得手なのです。男性は、デートの時の気持ちよさを思い出さないわけではありませんが、女性のように、しっかりと快の感情を記憶するわけではありませんので無理なのです。また、過去の快の記憶を連鎖反応的に思い出すことも不得手ですし、まして、快で頭がいっぱいになるというようなこともありません。

女性は、自分と同じ心理状態を男性に望んではいけないのです。「私は彼のことをこれだけ思っているのに！」という嘆きはわかりますが、私があなたを思うようにあなたにも私を思ってほしい、という要求は男性を困惑させてしまうだけです。いえ、困惑どころか恐怖を与えてしまいます。

男性は、自分ができないことを女性に要求されると、自分がダメ人間のように思えてきて自信を失ってしまうのです。その結果、相手の女性が怖くなってしまうのです。

では、男性はデートとデートの間に何を考えているのでしょうか。

それは、「どうやったら女性を楽しませることができるだろうか」と考えているのです。「次のデートの時には、何をして楽しもうか」というデートのネタを考えているのです。そして、しっかり彼女に応援されている男性の場合は、やる気いっぱいで仕事に打ち込み、仕事で自信が持てたという報告をしたいな、彼女に一緒に悩んでほしいな、と考えているのです。報告して、女性に「素敵ね」「よかったね」と応援されて更に仕事に励むのです。

そうやって男性は女性に応援されながら仕事を楽しみ、誇りを持とうとするのです。その誇りで女性を愛そうとするのです。

過去の旅行の写真でわかる男女差

さて、序章でもふれましたが、数年以上前の旅行の話をしてみれば、男性の世界と女性の世界がいかに違うかよくわかります。

二人で旅行に行っても、女性はどこで何を見たかよりも、どのくらい楽しかったを優先して記憶しますので、楽しかったことはよく覚えていますが、何をどう楽しんだのか、どんなルートで観光スポットを回ったのかなどの情報はどんどん忘れていきます。きれいだと感動した風景はよく覚えていますが、興味のない風景はどんどん忘れていくのです。まして、どんな順序で回ったかなどという、女性にとっては何の利益もない情報は、はじめから記憶にありません。

その点男性は、どこで何をしたのか、どんなルートで名所を回ったのかなど、女性よりははるかに正確に記憶しています。男性は、感激しなかった場所も、女性と比較するとよく覚えているものです。

古い旅であればあるほど男女差がよくわかるはずです。女性は、イスタンブールで親切な人と出会ってとっても楽しかったね、というふうに、感動的な事実はよく覚えていますが、興味を持てなかった場所についてはほとんど覚えていないものです。一般に女性は、人との関わりにおける快—不快に敏感ですので、旅の思い出も、添乗員はどうだったとか、現地のガイドはどうだったか、あるいは現地のおみやげ屋の店員の応対はどうだったか、ということをよく記憶します。

一方男性は、それほど感動しなかった場所のこともよく覚えていますので、そのことに女性は驚くでしょう。男性にとっては、そこで何をしたか、という事実が重要ですし、それをよく記憶しようとするからです。

過去の写真を見ながら二人で記憶していることを語り合ったら、互いの記憶の内容、感動の内容がいかに異なるかわかります。古い出来事ほど男女差が如実に出るはずです。

一番違うのは、女性は写真を見て当時の感情を次々に思い出すのに対し、男性は写真を見て、当時何をしたのか、という事実を芋づる式に思い出すことです。

第二章　自分の感情に自信を持っている女性

女性の決意の根拠

とある喫茶店で若いカップルが言い争っています。男性が女性から別れ話を持ち出されているようです。

「だからさ……オレ、今後一切ウソつくことやめるからさ、お願いだよ、考え直してくれよ」

「イヤよ。もうウンザリ！　何度その言葉を聞かされたと思ってるの！　もう二度と会いたくないわ！　あたしがあなたのウソでどんなにイヤな思いをしてきたか、あなたはちっともわかってない。そんな無神経なところにも嫌気がさしたのよ。もうイヤ！」

「そんな冷たいこと言うなよ。ほら、昔は一緒に富士山に登ったりして楽しかったじゃないか。朝日がきれいだったよなぁ」

「確かにあの頃は楽しかったわ。でも、今はもうイヤなの」

「フランス料理もごちそうしたろ。指輪やネックレスも買ってあげたじゃないか。忘れたのか！」

「いいえ、覚えてるわよ。そういうこと言うんならこれ返す！」

「いや、そういう意味で言ったんじゃないよ」

「あたし、もう帰る」

「あとで電話していい？」

「イヤ！　話もしたくない」

どこまでも平行線です。男性がどんなウソをついたのかわかりませんが、女性はカンカンに怒っています。いえ、それだけではありません。彼との恋愛に見切りをつけ、つきあいをやめる決意をしています。男性は必死になって女性を説得していますが、どうやら失敗しそうな雰囲気でした。

では一般的にこういう場合、女性は男性から説得されて決断を撤回することはあるのでしょうか。

答は、「ない」です。

女性は、一度「コイツはダメだ」という結論を出してしまうと、ほとんどの場合、その結論を変えることはありません。

なぜでしょうか。

それは、過去の彼とのつきあいで得た快と不快の感情の総量を計算した結果、結論を出しているからです。つまり、彼とつきあって気持ちよかった総量と気持ち悪かった総量とを厳密に収支計算し、かつ今後も快の量が不快の量を上回ることはない、と予測しての決断なのです。女性は自分の感情に自信を持っていますので、撤回しないのです。男性の説得に応じないので一見ガンコに見えますが、そうではありません。ちゃんと根拠があるのです。

男性が、情に訴えて説得する場合（泣き落としなど）は別ですが、彼の記憶に残っている過去の事実を持ち出して説得しても、女性はまったく動じません。説得する相手が男性なら過去の事実を持ち出せば何とかなる可能性はありますが、女性に対しては効き目はありません。

実際、喫茶店にいた男性は過去に自分が彼女にしてあげた事実（プレゼントや食事など）を持ち出して説得に当たっていましたが、女性はまったく心を動かされませんでした。女性は、過去の事実などを言われなくてもすでに過去の事実から自分が感じた快と不快の感情のすべてを総合して決意しているのです。今さら恩着せがましく過去の事実を並べられても、白けるだけです。もうとっくに収支決算は出ているのですから。

それとは知らない男性は一生懸命過去の事実を持ち出して説得しようとしますが、女性からすれば時間の無駄でしかありません。「サヨナラ」だけ言ってさっさと帰りたいのがホンネです。

しかし、あの男性はまだ彼女を説得できると信じていたようです。だから、あとで電話をして更なる説得を続けようという魂胆《こんたん》のようです。でも、女性に過去の自分の善行をアピールしても女性が説得されて心を変えることはありません。その方法で説得されるのは男性だけです。それだけ女性は自分の感情の記憶に自信を持っているのです。

たとえ、男性が高価な指輪を恋人にプレゼントした時、当時いかに苦労して金を工面したのか、その苦労話を披露しても、女性は、指輪を贈られた時に感じた快や不快の感情（記憶された感情）を覆《くつがえ》すことはまずありません。それだけ女性にとって自分の感情は絶対的なのです。

なぜでしょうか。

それは、女性は、たとえその当時、男性の苦労を知らなくても、その時の男性の態度や雰囲気からちゃんと苦労したことを読みとったうえで快や不快を感じているからです。後述しますが、女性は、そういう裏の事情を直感的に見抜く才能があるのです。男性にはそういう才能はありません。男性には見えない世界を女性は見ているのです。

相手の心の背景など見抜く才能がない男性は、女性にそんな才能があるなんて夢にも思いません。想像すらしません。前述したように、人は自分が経験したことしか理解できない動物だからです。そのため男性は、彼女は自分の苦労を見抜いていないのではないかと思い込んでしまいます。だから苦労話を訴えることが有効だろうと判断するのです。しかし、女性からすれば、「織り込みずみ」のこと、つまり、すでに見抜いていることを再度言われることになりますので、余計ウンザリするのです。「何を今さら……」と、不快感を大きくするだけです。

それでも男性は、男性の思考方法でものを考えますから、有効なはずと信じ切っています。なぜ女性が自分の苦労話に不快感を示すのかさっぱりわかりません。「コイツは人の苦労を理解しない女なのか！」と怒ってしまいます。

実は男性が説得をなかなかやめないもう一つの理由があります。

それは、女性はしませんが、男性は過去の自分の感情をのちに変えるからです。つまり、過去のある事実に対して、もし当時、不当に悪く解釈してしまっていたとわかったら、男性は当時感じた不快感を訂正するのです。

香川県のお殿様（高松藩主）松平頼重《まつだいらよりしげ》という人は、若かりし頃、些細なことから怒り、自分の側近であった甲賀八太夫、甲賀五左衛門、大西主膳の三人に切腹を命じてしまいました。晩年になって頼重はこのことを深く後悔し、阿弥陀、薬師、観音の三仏を作って高松の宮脇町の御殿に安置して冥福を祈ったということです（現在は、三尊仏として志度《しど》町の志度寺に移転されています）。

女性の場合は、あとで後悔して仏像を作るようなことはまずありません。女性は、たとえカン違いだったとしても、容易に過去の自分の感情を変えないのです。

しかし、男性にとって、「感情」は、絶対的なものではありません。解釈によってどうにでもなる「あやふやなもの」です。そのため、男性は、女性にとっての感情もあやふやなものだろう、と考えてしまうのです。うまいこと彼女を説得すれば、「別れたい」という気持ちを変えてくれるはずだと思ってしまうのです。男性は自分が変わるから女性も変わると思っているのです。

しかし、残念ながら、女性は過去に自分が感じた気持ちをあとでひっくりかえすことはありません。よほどの大きなカン違いでない限り、ある男性から不快感を感じたとしたら、死ぬまでその不快感を訂正することがないのです。

確かに女性は事実を忘れがちです。過去、何をプレゼントされたか、何をおごってもらったかなどいちいち記憶していないことが多いものです。しかし、忘れていても、女性はやさしくされた時やプレゼントされた時、相手の心の背景をも織り込んで快を感じ取っているのです。

つまり、何をもらったかは忘れても、相手の心を見抜き、自分の心（うれしかったか、うれしくなかったか）を正確に覚えているのです。女性は総合的にものごとを受けとめて感じ取っているからこそ、自分の感情に対して絶対的自信を持っているのです。

しかも、女性の「別れる」という決意は、過去において男性から受けた感情のすべてを動員した結果導き出したものです。よくよく考えたうえでの結論ですので（総合的に思考し、パッと結論を出したのですが）、ちょっとやそっとの説得には応じないのです。ガンコなのではなく「自分が感じた快―不快という感情の裏付け（根拠）」がちゃんとあるのです。

女性は、総合化することがたいへん得意です。実際、過去において自分が感じた感情のすべてを駆使して下した決断は正しいことが多いのです。女性は、経験的にそのことを知っています。だから一度出した結論を撤回しないのです。

女性は過去の一〇〇の事実から得た快―不快の感情のすべてを基にして「別れる」と

いう結論を出しているのです。男性が、「富士山に一緒に登山した」「フランス料理をごちそうした」「指輪やネックレスをプレゼントした」という三つの事実をネタに説得しても、女性にはチャンチャラおかしいだけです。彼女はその三〇〇倍もの根拠を基に別れる決意をしているからです。

さて、この章では、男性にはない、女性特有の思考方法を見ていきましょう。

目的があると、女性はよく覚える

さて男性にとって、驚異に感じる女性の特性の一つに、観察力の細かさと、ものごとをよく覚えている、ということがあります。第一章で、女性は事実をあまり記憶しないと述べましたが、しかし、女性は目的があると、よく観察し、よく記憶します。それ以外のことについては記憶しようともしないのに、目的があると男性以上に記憶するのです。

その目的というのは、「愛されること」です。愛されることに命をかけている女性ですから、それ以外のことについての事実の記憶はどうでもいいのです。はじめから記憶しようともしません。女性は、何を記憶しようとして、何を記憶しようとしないのか、その境目がはっきりしているのです。白黒はっきりしているのです。男性のように政治・経済から哲学までいろんなものに興味を示すということはあまりありません。女性が愛されることにかける執念は、ものすごいのです。女性からすれば当然のことですが、男性から見ればすさまじいものに映ります。

女性は、親や恋人（夫）が自分を愛してくれているのかどうか、浮気していないかどうか、という明確な目的がある場合、男性以上にしっかりと観察し、記憶するのです。観察の結果、愛されているかどうかの判定に使えそうだ（または、浮気しているかどうかのチェックに使えそうだ）と判断するとしっかり記憶するのです。

たとえば、前回のデートの時どんな洋服を着ていたとか、ヒゲの剃り残しがあったとか、ネクタイがちょっと曲がっていたとか、たばこを何本くらい吸ったとか、誰から電話がかかってきたとか、男性にとってはどうでもいいようなことを女性はよく観察しています。

男性にとってどうでもいい情報に見えるのは、男性には利用できない情報だからです。女性にとっては利用価値があるからこそ、細かいところまで刑事のように観察しようとするのです。また、見るからこそいろんなことを発見できるのです。そして、愛されることの判定に有用だと判断すると、しっかりその事実を記憶するのです。ものごとは何でも、利用できるからこそ価値が出てくるのです。

では女性はどんな利用の仕方をしているのでしょうか。

総合力にすぐれている女性

女性は、細かい情報を総合し、直感的に判断すること、つまり「女のカン」と世間で言われている能力を働かせています。大脳生理学的にもこのことは支持されています。脳梁とよばれる左右の脳をつなぐ神経の束が太いのです。しかも、女性の脳は、機能分化がはっきりしていない分だけバックアップ体制がしっかりしています。たとえば、交通事故などで言語野を破壊されると、男性は直ちに言語障害になってしまいますが、女性は、バックアップ体制がしっかりしていますので、男性よりも言語能力が復活しやすいのです。

ただし、機能分化がはっきりしていない、ということは、女性は男性よりも一つの能力(たとえばマジシャンとしての能力や商才など)を発揮しにくい、ということでもあります。女性で男性と同等かそれ以上に能力を発揮している人も少なくありませんが、そういう女性は、脳が男性並に機能分化しているか、もともと天才的に卓越した能力があるかのいずれかです。

女性の脳は、一つの才能を発揮するのには不利でも、自分自身が楽しく生きていくためには有利にできています。たとえば、「誰が自分を一番愛してくれるのか」という判断をする場合、分析的または論理的思考よりも、総合的または直感的思考のほうが圧倒的に有利です。女性の脳は、過去に記憶された事実や感情の全部を使って直感的に判断するのに都合のいい構造をしているのです。

一方、男性の脳は、過去の記憶を一個一個、縦につなぎ合わせて結論を出す、ということは得意でも、女性のように過去の全部の記憶を一度に使って総合的に考えることは不得意です。不得意と言うよりも不可能に近いのです。

男性でこれができるのは天才だけです。でも、女性は多くの人が天才的思考ができるのです。女性に天才が少ないように見えるのは、その能力を快を得るため、つまり愛されるために使っているからです。

男性は、女性のように情報を総合化するという能力が低いために、女性なら平気で利用できる過去の雑多な情報が利用できないのです。女性特有の細かい観察による細かい情報が利用できないのです。それゆえ、女性にとってはきわめて有用な情報が、男性にとっては、くだらない情報に見えるのです。

女性は男性のちょっとした表情、しぐさを見逃しません。もちろん、変化も見逃しません。たとえば、これまでいつもネクタイが曲がり、ヒゲも剃り残しが多かったのに、ある日を境にきちんとし始めたら、「女ができたかな？」と妻（恋人）は思います。もし、きちんとし始めてからやけにやさしくなったとか、プレゼントをまめにくれるようになったら、「浮気間違いなし！」と女性は判断するのです。

男性は、妻（恋人）に浮気がバレないように必死で隠蔽《いんぺい》工作をしますが、悲しいかな、それは同性の男性には効果的でも、女性にはバレバレです。その最大の理由こそ、男女で目の付けどころが違う、ということです。男性の頭で浮気がバレないように画策しても、女性は目の付けどころが男性と違うのです。しかも、女性は自分が愛されているかどうかということを判定するのに必要な情報を常日頃から集め、記憶し、そして、過去の記憶のすべてを同時に使って判定するのです。男性は、浮気するたびに浮気の事実を隠そうと思考しますが、所詮スポット的です。論理的に思考はしても、過去の浮気と矛盾しないように考えて今回の浮気をごまかすところまでは至りません。もし、そんなことができる男性がいたとしたら、その人は間違いなく天才です。しかも女性は、連想ゲームが得意で、一見無関係な点と点をつなぐ能力に長《た》けているのです。そして細かいところまで見ています。

それらのすべてを使って判断するのですから、はじめから男性に勝ち目はありません。

その点、男性が恋人（妻）の浮気に気がつきにくいのは、常日頃から、「自分は妻に愛されているか」「妻にとって自分が一番か」ということを考えて生きていないからです。

ただし、例外があって、執着心や依存心の強いマザコン男は違います。この種の男性は、まるで五歳の男の子が母親にまとわりつくように、女性にしがみつこうとします。そのために、恋人（妻）が自分を見てくれているかどうかを中心に発想します。こうしたマザコン男の話は第五章で解説します。

さて、話を元に戻しましょう。マザコン男でない、ふつうの男性の場合、浮気をごまかそうとしても結局、「頭隠して尻隠さず」になってしまうのです。これは、女性にとって男性がバカに見える瞬間です。浮気しているのが見え見えなのに、妻にバレていないと思っているからです。

女性の直感力の勝利です。筋道立てて思考する論理性よりも総合する能力に長けている女性は、ふだんから細かい情報を集めて、男性に怪しげな変化がないかどうか見張っているのです。

女性はどのように見張るのでしょうか。

それは、男性の変化と自分が受ける快（気持ちよさ）が一致しているかどうかです。たとえば、自分にやさしくしたり、プレゼントが多くなったりしたとします。それに比例して自分が感じる快もまた大きくなったとしたら、OKです。しかし、不一致な場合、たとえば、プレゼントの数が多いのに夫から愛が感じられない場合は要注意と判断するのです。

女性が気持ちいいと感じたり、安心だと感じたりするのは、男性の側に本当に愛がある場合に限ります（第五章で解説しますが、男性に愛があるかどうかの判定基準の基を作るのが父親です。そのため、父親から愛されなかった娘は、恋人選びをまちがえやすくなります）。つまり、女性は、ホンモノの愛でなければ、その人と一緒にいても、安心もしないし、満足もしないし、悦びも感じないということです。

だから、男性の行動の変化と自分の心の満足度が一致しているかどうかを見れば、浮気しているかどうかの判断が容易にできるのです。

その点、男性は、まったくそういうことは考えません。論理的思考と言ってもスポット的なので、スナックのマッチをゴミ箱に捨て、背広についた口紅をぬぐい去れば安心と思ってしまう単純さがあるのです。過去のたくさんの行動の整合性までは考慮に入れないのです。まして妻が、夫のいないところで、Yシャツや背広についた匂いをくんくんと嗅いででいるなんて夢にも思いません。男性は、女性ほど匂いを気にしないからです。自分が気にしないから女性も気にしないと思ってしまうのです。そして、妻が自分の言動をこと細かに観察し、その中でも、浮気しているかもしれない、というような疑わしい行動をした時はことごとく記憶している、ということも知らないからです。実際、女性が夫の浮気に関すること以外の記憶は忘れていることも事実です。それゆえ、愚かにも男性は、自分の浮気に関連した記憶も忘れてくれているだろうと考えてしまうのです。

たとえば夫が単身赴任中、ワンルームマンションに妻が訪ねてきた時を想定してみましょう。

男性が思いもよらぬところに浮気の跡を発見されてしまう事件がよくあります。たとえば、風呂の排水孔です。夫の浮気を疑っている女性は、執拗《しつよう》に証拠を探そうとします。女性はもともと細かいところに注意を払いますので、ちょっとカンの鋭い女性なら、風呂の排水孔に指を突っ込んで、長い髪の毛がからんでいないかどうかチェックするのです。男性でそこまで気が回る人はほとんどいません。せいぜい、廊下やトイレまでです。念入りに掃除機をかけて証拠隠滅《しょうこいんめつ》をしたつもりが、夫の挙動不審を察知した妻は、刑事のごとく、浮気の証拠を探し始めるのです。こうなったら、男性の負けは明白です。女性の細かい観察力にはかなわないからです。女性は自分の直感を信じていますので、証拠を発見するまで気長に探し続けます。それが女性というものです。

冷蔵庫の中のパセリから足がついた男性もいます。妻は夫の行動パターンを熟知していますから、パセリを買うような性格かどうか充分承知しています。よほどマメな男性でなければパセリは買いません。そのパセリが冷蔵庫にあったとなれば、女性が買ってきて入れた可能性がきわめて大きいのです。夫がいくら弁解しても、声が一オクターブ高くなってしまっていますし、顔がひきつっていますので、余計にバレてしまいます。女性は男性の不自然な態度にはきわめて敏感なのです。

ところが、多くの男性はこの期に及んでも、ごまかしきれると思い込んでいます。女性の観察力と総合力を見くびっているからです。確かに相手が男性の刑事ならごまかせるかもしれません。でも、女性のカンというのは、そんな甘っちょろいものではないのです。女性側からすれば、どうして男性はこんな見え透いたウソがバレないと思うのか不思議でなりませんが、男性は、男性に通じるウソが女性にも通じると信じ込んでいるのです。

女性は愛されることを目的に動く

なぜ、女性には男性にない観察力や総合力が備わっているのでしょうか。

それは、女性は「愛されること」を中心に生きているからです。心も体も、そうできています。愛されることこそ女性にはもっとも重要なことだからです。実際、女性の心は、愛されると安定します。実は子どももそうです。男の子も幼児期は、たいへん心豊かな世界に住んでいます。そして、女の子ほどでないにせよ、成人男性と比較したらはるかに愛されることを中心に生きています。

女性は（幼児期は男の子も）、自分は愛されていない、誰ともつながっていない、みんなから拒絶されている、嫌われている、と感じると不安になります。心にポッカリと穴が空いたように感じて、イライラしたり、怒りっぽくなったり、泣き叫びたくなったりします。ただし、意識の表面では「わけもなくイライラした」とか「わけもなく涙が流れた」と思います。でも実は、愛情を入れるべきはずの器に充分な愛情が入っていないためにイライラしているのです。誰ともつながっていない淋しさでイライラしているのです。

でも、だからと言って、愛情で満たされていないから淋しくて涙が出るんだ、とか、誰ともつながった気がしないから、その不安でイライラしてしまうんだ、ということを言語化して意識することはありません。

女性（や子ども）のイライラのほとんどはこうした「心の絆不足」つまり愛情不足です。同性の女性からは共感（ただし悦びの共感しか絆を感じさせることはありません）してもらい、異性である男性からは親切ややさしさをもらい、守ってもらっている、ということで、女性は心の絆の存在を感じるのです。女性は、異性、同性を問わず、心の絆を感じられないと不安になる生き物なのです。

女性にとって生きることは愛されることとイコールなのです。あるいは、誰かとつながることとイコールなのです。極論すれば、女性にとって愛されない人生（誰ともつながっていない人生）では、死んでいるも同然なのです。

序章でも述べましたが、女性がファッションや化粧に莫大な投資（時間とお金とエネルギー）をするのも、愛されることに命をかけているからです。女性雑誌を見れば明らかです。どの雑誌も「愛されるための企画」でいっぱいです。髪型、エステ、美容整形など、最終目標はいずれも愛されることです。女性の愛されることに対する投資額は男性の何十倍にもなることでしょう。愛されないことが死にも匹敵するのですから、給料の全部をつぎ込んでも惜しくないほどなのです。

女性が積極的に事実を記憶しようとするのは、「愛されるため」という明確な目的がある場合です。女性は、入ってきた情報を、無意識に二分します。愛されることに有用な情報と、それ以外の情報です。それ以外の情報は、記憶に残そうとはしません。

たとえば、クルマです。デートする時には有用でも、多くの女性にとってクルマとは、快適にドライブさえできればメカニズムなどには興味も関心もありません。車体の色くらいには興味を示しますが、前輪駆動か後輪駆動かとか、サスペンション形式はダブルウィッシュボーンかマクファーソンストラットか、DOHCかSOHCか、V6か直4かなど、はじめから興味を示しません。たとえ恋人が「このクルマはね、直噴のV6、30バルブのDOHCエンジンで、フルタイム4WDなんだ。ESP（エレクトリック・スタビリティ・プログラム）もついているから安全なんだよ」などと自慢しても、「へぇ」とか「ふーん」とか言うだけで、興味を示しません。ESPなどと言おうものなら、これって超能力のことかしら、などと誤解されるのがオチです。

クルマのメカニズムに関する情報は、自分が愛されることには貢献しないと女性は判断しているのです。クルマのメカよりも、愛されるために必要な情報が他にもたくさんあるのです。記憶の容量には限りがありますので取捨選択が必要なのです。女性は、自分の悦びに直結しないと思われる事項についてはバッサリと切り捨てます。恋人がプロのレーサーでもない限り、大多数の女性はクルマのメカニズムには興味を示しません。示したところで、自分に入ってくる愛情の量は変わらないからです。

女性の思考の中心は誰が自分を愛してくれるのか、である

女性は、「誰が自分に愛をくれるのか」、これをベースにして行動しています。これを中心に行動の決定をしています。そのため、女性は、「自分が誰を好きか」という発想よりも、「自分に気がある人は誰か」「自分を愛してくれる人は誰か」「誰の愛情がもっとも気持ちいいか」ということを常に探って生きています。そして、自分が気に入った人から愛されたいと強く願うのです。

こうした願いは、洋服選びの際も反映されます。一般に、男性は、スーツを買う時、「自分が気に入った洋服を買おうとするよりは、多くの社会人（または会社の人）から嫌われないようなデザインや色の洋服を買う傾向が強い（そのためにバラエティに欠け、万人向けの無難な色と形になってしまいがちです）」のに対し、女性は、「自分が気に入った洋服、自分が魅力的に見えると思われる洋服、または自分を気に入ってもらえそうな洋服を買う傾向が強い」と言われています（ただし、後述しますが、母親から嫉妬されながら育てられた女性はその限りではありません。母親から嫉妬されないように地味な洋服を選ぼうとします）。

男女のこうした違いは微妙な差のように見えますが、消費行動の時には大きな違いとなって表れます。

男性は、社会の中で自分の精神の安定を図ろうとする宿命を負った動物ですから、どんなに気に入った洋服があっても、仕事着となれば、万人から嫌われないものを優先して買おうとします。一方、女性は、自分が愛されたいと思う少数の人から愛されれば満足できますので、自分が気に入った洋服を積極的に買おうとするのです。自分を愛してくれる人々からさえ嫌われなければそれでいいからです。社会の全員から嫌われないようにという配慮はあまりしません。

こういうことは、いちいち意識はしませんが、「わかる人に自分のかわいらしさがわかってもらえたらそれでいい」と女性は思っているのです。だから女性は、男性も服を買う時、自分と同じ発想をするだろうと思い込んでしまいます。

しかし男性は、学生時代はともかく、社会人になったら「できるだけ社会からはみ出さないように」と配慮して買おうとします。極論すれば、女性はたとえ社会からつまはじきされても、自分をかわいい、と言ってくれる人がいればそれでいいのですが、社会の中で自分の居場所を確保しなければいけない宿命を負った男性の場合はそうはいかないのです。そういう点で女性と男性は好対照です。

こうした服装選びに関する傾向は、女性が仕事を持っていても、持っていなくてもそれほど変わりませんし、男性は退職しても変わりません。そのため、服装に関して女性は（働いていない女性も）、男性よりは個性的です。また、男性の場合は、自分の気に入った女性が自分を好きかどうかは気になっても、女性のように、常に「誰が自分を好きか」という発想で女性を見ることはありません。たくさんの女性にモテたいという希望はあっても、誰が自分を愛してくれるのか、という目で異性を見ることはあまりありません。

その点、女性は、誰が自分を愛してくれるのか、という発想は幼少時から顕著です。いえ、幼少時ほど強いものです。男の子がロボットやカブトムシに夢中の頃、女の子は、一生懸命人を見ているのです。そして、「誰が自分を愛してくれるのか」、必死で考えて生きているのです。心を愛で満たそうとする傾向が強いからです。そして将来、自分に近寄ってきた男性の中で、一番、一緒にいて気持ちいい人と結婚しようとするのです。

先ほど女性はホンモノの愛でないと満足しないと述べましたが、女の子は自分の心が満たされるかどうか、なでたり、さわったりしてチェックします。愛をたくさん必要とするからです。男の子の一〇倍ほど愛を必要とします。もちろん、男の子も幼少時には愛されたい傾向は強いのですが、女の子はその一〇倍くらい強いのです。だから女の子は必死に愛されたがるのです。

女性は守ってもらえないと自分の存在価値を疑う

さて、女性が異性から感じる悦びは二つあります。

一つは、守ってもらえた、親切にしてもらえた、という悦びです。ここで言う「守る」というのは、暴漢に襲われた時に、守ってもらえるということでもあります。命がけで自分を守ってくれる人がいる、という状態は、女性に限りない安心をもたらします。もし、その逆に、自分は誰からも守られていない、つまり、自分を守ってくれる騎士がいないという場合は、女性を不安にさせます。いえ、それ以上に、女性は自分の存在価値を疑い始めます。つまり、「誰にも守ってもらえないような価値のない自分では、この世に存在する価値もない」と考えてしまうからです。

女性は、自分で自分の命を守れないから不安になるのではなく、「誰からも命がけで守ってもらえない自分」に不安を感じるのです。しかし、逆に、恋人やお父さんが命がけで自分を守ろうとする姿勢を見ると、「ああ、自分はそれだけの価値ある存在なんだ。うれしいなぁ」と思うのです。

こういう事情があるために、男性からどんなに「キミのことが好きだよ！」と言われても、いざという時、自分を命がけで守ってくれないと、プロポーズされても、即座にＯＫできなくなります。彼のことが嫌いではないのに、なぜか結婚となると身を引いてしまう、というのは、「この人は、命がけで自分を守ろうという気迫がない」ということが不安材料となっていることが多いのです。

また、デートの時、食事をおごってもらった、というのも、「守ってもらえた」ということに分類されます。おごってもらって女性が悦ぶのは、必ずしも、お金を節約できてラッキーという理由だけではありません。守ってもらえたことがうれしいのです。ですから、逆に、支払いの時、男性からさも当然のように「割り勘にしよう」と言われると、女性はひどくがっかりしますし、裏切られたように感じます。女性は、無意識に父親や男性に対して守ってもらうことを期待しているからです。

こういう背景があるからこそ、デートの時は男性がおごる、という「常識」ができあがったのです。おごられてうれしい女性と、おごってうれしい男性ですから、男と女は、昔から惹《ひ》かれ合うようにできているのです。男性が、女性の重い荷物を持ってあげる、というのも男女双方がうれしく感じる行動なのです。してもらってうれしい女性と、女性にしてあげることがうれしい男性……人間とはうまくできているのです。

なお、男性から守られる、ということに抵抗や屈辱を感じる女性は、父親から愛されなかったか、あるいは、母親に間違った世界観を吹き込まれた可能性の高い女性です。また、女性らしいかわいい洋服を着るのに抵抗を示す女性も同様に、父親にセクハラをされたか、母親に嫉妬されながら育った可能性の高い女性です（詳しくは拙著『娘がいやがる間違いだらけの父親の愛』〈講談社〉および『母親よりも恵まれた結婚ができない理由《わけ》』〈二見書房〉を参照してください）。

もう一つの悦びは、見守られる、興味を持たれる、という悦びです。自分が楽しく生きているのか悲しい状態にあるのか、誰かが、いつも自分に関心をいだいてくれているという安心です。安心は快感です。

「夫は私に無関心で困る」という主婦の訴えは、夫が自分の心の状態に無関心で困る、という意味です。妻の顔や体に無関心ということではありません。妻が幸福に生きているかどうか、ということに無関心で困る、という意味なのです。

誰も自分の幸福に関心がないという状況は女性を不安にさせます。いえ、それ以上に、女性は自分の存在価値を疑い始めます。先ほどの、守られる安心と同様、女性が誰からも自分の幸不幸に関心を持ってもらえないと、とても辛くなるのです。男性にはない辛さです。

その点、男性には、「守ってもらいたい」という発想はほとんどありません。あるのは幼少の頃だけです。それも、ある時期を過ぎると、男性は女性を守ることがうれしいと感じるようになります。それが男の子から男になる、ということなのですが（詳しくは拙著『女は男のどこを見ているか』〈ちくま新書〉をごらんください）、その点、女性は幼少時から一貫して守ってもらうことに悦びを感じ続けます。

しかし、女性は自分の身を自分で守れないから、男性や父親に守ってもらうことを期待しているわけではありません。守られることで自分の存在価値を確認できて安心するのです。女性にとって「安心」はきわめて重要です。女性の行動が保守的に見えるのは、安心を第一に行動しているからです。冒険をして一か八かに賭けるよりは、安全性や確実性を重視するのです。

実際、女性は、守られている安心がないと女性としての本領を発揮できません。人を愛することができなくなるのです。共感したり、男性を励ますことができなくなるのです。そのために、女性にとって「安心」というのはきわめて重要なのです。これを逆に言えば、女性は守られているという安心感さえあれば、どこでも生きていけますし、また、「肝っ玉かあさん」になれる、ということです。

女性同士が一緒にトイレに行く理由

女性が女性から感じる快感には、共感してもらえた、受容してもらえた、理解してもらえた、支持してもらえたという「母性的な愛情」があります。これがあると、女性は心の絆の存在を感じます。誰かとつながっていると感じるとうれしいのです。そして安心するのです。それが女性の世界です。

女性が連れだってトイレに行く現象……これも男性からするときわめて不可解な行動ですが、心の絆を感じるための重要な儀式です。

女性は元来、感情の共有が大好きです。女性は、人と感情の共有をして一体化したいのです。一体化した悦びを感じると「誰かとつながっている」「心の絆ができた」と安心するのです。女性にとって、心の絆があるという安心はとても重要なのです。

逆に女性は、誰ともつながっていないことがとても不安で、かつ、恐怖です。不快なことでもあります。女性はもともと不安をいだきやすい性質を持っていますが、その不安の中でも特に「誰ともつながっていない不安」が大きいのです。男性も孤独はイヤですが、女性はその一〇倍も一〇〇倍もイヤなのです。

実際、「一緒にトイレに行く人がいない」「一緒にお弁当を食べる人がいない」「仲間はずれにされている」という悩みを訴えるのは女性だけです。特に若い女性は、同性から嫌われることを恐れます。筆者の調査によると、一〇代の女性は、異性から嫌われることよりも、同性から嫌われることのほうを恐れるほどです。

女性は、相手と共感できたことをもって「心の絆がある」と解釈しているのです。だから、新しくできた友人と一致すること（たとえば誕生日や血液型など）を見つけると女性はうれしくなるのです。しかし、男性たちは、そういう女性特有の悦びの世界を持っていませんので、なぜ女性はそういうことで悦ぶのかなかなか理解できません。女性が子どもっぽく見える瞬間です。こういう時が、男性が、「男である自分のほうが大人だ、分別がある」と思う時なのです。

不安をいだきやすいから証拠がほしくなる

女性は中高生の頃、連れだってトイレに行きたがるという話をしましたが、そうしたくなるもう一つの理由があります。それは証拠作りということです。心の絆がある、という証明書がほしいのです。

女性は男性よりも不安を感じやすい分、証拠をほしがります。女性がプレゼントをすることもプレゼントされることも大好きなのは、「心の絆の証明書」がほしいからです。プレゼントを交換することで、互いに証明書を発行し合っているようなものだからです。ふだんから感情の共有をしていても、証拠がないと不安になるのが女性というものなのです。そこで、証拠作りのために、お誕生日などに、プレゼントを交換するわけですが、実は、誓約書を交換し合っているのです。

「やっぱり私たちって親友よね」という「心の絆証明書」がプレゼントなのです。そうやってお金を出してまで得たいのが「安心」なのです。

女性は経験的に「安心」は自分にとって重要だとわかっています。だからこそ投資を惜しまないのです。人は、投資に見合った「見返り」があるからこそ、その行動が持続するのです。

男性にとっては、小学生ならいざ知らず、いい年をした女性が誕生日のお祝いパーティーとか、誕生日のプレゼントとか、子どもじみたことをしていることが理解不能ですが、それは男性にとって利益がないからにすぎません。女性はそうした行動や投資によってちゃんとそれに見合うだけの利益（快感や安心）を得ているのです。

「何を語り合ったか」よりも、「いかに共感できたか」を重要視する

さきほど述べたように、女性は、「心の絆ができた、うれしい」と感じることの第一は共感できた時です。共感は一体感を感じさせてくれるからです。女性は、一人ぼっちを恐れます。だから連れだってトイレに行こうとするのです。そして、誕生日が同じだとか、血液型が同じだとか、何かと共通点を発見してうれしがるのです。

男性には、なかなか理解できない心理です。男性同士が連れだってトイレに行かないのは、「同じ」ということに女性ほどこだわらないからです。一体感をそれほど求めないか

らです。そして、女性ほど一人ぼっちを怖がらないからです。

女性は人と人とのつながりの中で生きようとするのです。だから、不安を感じると、人とおしゃべりをしたくなるのです。女性がおしゃべりなのではなく、おしゃべりをすることで、心の絆を感じたいのです。その結果のおしゃべりなのです。

逆に言えば、おしゃべりをしなくなった女友達は、もはや友人ではありません。女性は、話をした時、共感し、同じ気持ちになってくれる女性を親友と呼ぶのです。

男性である私（筆者）には、五年も話をしていない親友がおりますが、こういう事実は、おそらく多くの女性には信じがたいことでしょう。なぜなら、女性にとっては、「語り合わなくなった人＝心が通じなくなった人＝心の絆がなくなった人」だからです。しかし、私と親友は、まる五年、話をしなくても親友のままです。五年ぶりに電話が来ても、まるで、二日ぶりに話をするように話ができるのです。五年間の空白など、別にどうということはありません。しかし、女性同士の友人関係においては、五年の空白というのは、他人になったということとほぼ同義です。少なくとも五年ぶりに電話をする、という時は緊張するはずです。心の絆が依然として残っているかどうか不安だからです。

さて、女性同士の会話を男性が傍らで聞くとつまらないと感じます。しかし、当の女性たちは、熱くなって話をしています。

なぜ、このような違いが生じるのでしょうか。

共感を重視する女性と、話の内容の面白さを重視する男性の違いです。男性が男性同士の会話に期待するのは、共感ではなく、話の内容そのものの面白さです。女性は同じ感情を共有すると、心の絆ができたと解釈しますので、とても安心します。

しかし、その安心が暴走しますと、排他的色彩の強い集団を作ってしまうこともあります。自分たちと同じ感情をいだく者こそ正常な感性の持ち主で、それ以外の感情を認めない、という独善的な集団です。女性は排他的になりやすいのです。

女性は自分の快を中心に行動しがち

これまで解説しましたように、女性は、気持ちいいこと、おいしいこと、うれしいこと、楽しいこと、気持ちいいことが大好きです。安心も大好きです。安心もまた快感だからです。女性は、男性よりもはるかに、「快」を求める力が強いのです。女性の脳は、第三章でも述べますが、快の感情でいっぱいになると、周りの存在が目に入らなくなってしまうのです。自分が快適に感じ始めると、周りへの気配りが欠けてしまいがちです。

たとえば、会社のトイレや給湯室などで（時には廊下で）若い女子社員が数人集まって大きな声でワーワーキャーキャーと盛り上がっていることがあります。一度、話が盛り上がってしまうと、その快感で頭がいっぱいになり、勤務中であることも、そして、周りへの迷惑（騒音）も忘れてしまうのです。

「一姫《いちひめ》二《に》トラ三《さん》ダンプ」は今も健在

こうした傾向は、クルマの運転に如実に反映されます。もし、運転している時、助手席の人との会話が楽しくて「自分は快適である」と感じると、周りの迷惑に気が回らなくなります。制限時速五〇キロのところを三五キロでトロトロ走っていても、なぜ自分がクラクションを鳴らされたのかわからなくなるのです。逆ギレする女性も珍しくありません。

心に余裕がある時は気配りができますが、女性は自分が快適な場合（緊張している場合もそうですが）は、自分が周りに迷惑をかけているかもしれない、という発想をしなくなってしまう傾向が強いのです。

女性は自分の快適さを追求するあまり、自己中心的な運転をしてしまいがちです。そのため、当の女性がまったく知らない間に周りのドライバーに多大なる迷惑をかけていることがあるのです。

たとえば、急なレーンチェンジをしたり、とんでもないところでいきなり曲がったり、急に停止したり、方向指示器を出さずに右折する、というような運転です。横暴な運転のために、後続のドライバーが相当ヒヤッとしていても、当の女性ドライバーはまったく平気です。事故をおこすまで自分がどんなに危険な運転をしているのかわからない女性が多いのです。さらには、事故をおこしても、「あれは運が悪かった」と解釈する女性が多いのです。これではまた同じタイプの事故をおこしてしまいます。実際、同じ人が同じタイプの事故をおこすことが多いのです。

こんな女性の運転を見た昔の人は、「一姫二《いちひめに》トラ三《さん》ダンプ」と言いました。一番怖い運転をするのは女性ドライバーで、二番めに怖いのは酒酔い運転をしている人で、三番めに怖いのがダンプカーの運転手だという意味です。酒酔い運転よりも怖いのが女性の運転だというのです。

女性にとっては不名誉な言葉ですが、根拠がないわけではありません。女性は、予測不能の運転をするからです。女性は、自分の都合中心に発想しがちなのと、地理感覚が男性よりも劣る、という二つの理由で、いきなり停車したりして、後続のクルマをヒヤッとさせることがあるのです。当の女性は、自分が後続のクルマに恐怖を与えていることにまったく気がついていません。こういう人は、女性の中でも少数派ですが、しかし、どこの県にもこういう自己チュー運転をする女性は確実に存在します。男性にも自己チューはいますが、圧倒的に女性に多く見られます。ドライブが大好きな私は、これまでずいぶんと女性ドライバーには泣かされてきました。たまりかねて危険な運転をする女性ドライバーに対してクラクションを鳴らすと、危険な運転をする女性ほど逆ギレして、こちらをにらみ返してきます。自分のしたことがわかっていないのです。

また、女性のハイヒールや厚底靴を履いた運転も危険です。ブレーキを踏もうとしても、床にヒールの先がひっかかって、いざという時、踏めなくなるのです。厚底靴の場合は、ブレーキとアクセルを間違えて踏む危険があります。軽自動車の場合は、アクセルとブレーキの位置が近いので、よけいに危険です。こういうことに対して意識が低いのも、やはり女性です。これも自己チューです。万が一の時は、人をひき殺してしまう、という配慮や社会性が欠けているのです。社会的責任よりも、自分が美しく見られることを優先させているのです。

以上の理由のために、「一姫二トラ三ダンプ」と言われたのです。最近は、男性よりも運転の上手な女性も増えてきましたが、まだまだ一部の心ない女性のために「一姫」の座は守られたままです。

感情が動かないとものを考えようとしない女性

女性は、自分自身に支障ない限り（＝事故が発生して困ったという感情が発生しない限り）、つまり、自分が目的地に無事に到達できている限り、自分の運転を反省することはありません。「困った」とか「危ない」というように、自分の感情が動かないと、自分の運転を反省しないのです。

女性が動くのは何らかの感情が発生した時です。ですから、ヒヤッとするか、運転の上手な人から「そういう運転は危ないよ」と言われるまで危険な運転を平気でやり続けます。また、自分の運転をふり返ることがないために、迷惑をかけていても知りません。そういう意味では、一部の女性は、自分のことを無事故無違反の優良ドライバーだと思っていても、実はみんなに迷惑をかけている悪質ドライバーかもしれないのです。

狭い道ですれ違う時も、こういう男女差がよく出ます。クルマ一台がやっと通れるような狭い道に双方からクルマが進入した場合、七割以上の女性は（筆者の調査＝一〇〇人中七二人の女性がそうでした)、広いところで待つということをせず、二台がすれ違うことができない道だということが納得できるまで、どんどんクルマを前に進めます。

広いところで待つ、という論理的な発想が欠けているというよりは、感情が動かないと女性はものを考えないからです。つまり、すれ違うことができなくて「困った」という感情が発生してはじめて、女性は「じゃ、どうしようか」と考え始めるのです。男性はイライラしますが、女性にとっては当たり前の行動です。男性がなぜイライラするのか理解できません。

女性は、事前に二台が通れるかどうかを計算し、通れないと予測されたら、じゃ自分がどう行動したら互いに気持ちよくかつ、双方のクルマがスムーズに通過できるか、という思考はあまりしないのです。男性よりもこういう思考は不得意なのです。考えることが面倒なのです。感情を根拠に生きていると、どうしてもこうなりがちです。

また、たとえば路上駐車する場合、良識ある女性は、交通の邪魔にならないように路肩ギリギリにクルマを寄せて停めようとはしますが、結果的には自分が停めやすいようにクルマを停めてしまう傾向が強いのです。充分周りに気を遣ったつもりでも、結構邪魔になるように停めてしまうのです。これは、女性の運転技術だけの問題ではありません。交通の邪魔にならないように停めようという意欲が男性よりも少ないのです。当の女性は充分気を遣ったつもりなのですが、男性の平均値と比較すると、やはり気配りが足りないのです。

誤解のないように申し上げますが、女性は運転がヘタとか、危険な運転をするとか、ただ単にそういうことを言いたいのではありません。女性は、自分の感情を重視するあまり、どうしても一人よがりな運転になってしまいがちだ、ということを言いたいのです。危険な運転をして人をイライラさせているかもしれないことを女性はもっと知るべきでしょう。

気遣いや慎ましさや自省心が必要だということです。そして、それが女性の魅力をアップさせるのです。気がつかないからとはいえ、傍若無人な運転をしている女性に魅力はありません。誠実な男性ほど、そうした無神経で気遣いのない女性を敬遠するものです。危険な運転をしてクラクションを鳴らされ、逆ギレしてしまうような無神経な女性に近づいてくるのは、歩きながらタバコを吸って、吸い殻をそのまま道路に捨ててしまうような無神経な男性だけです。思いやりもやさしさもない男性です。人と人との出会いは偶然でも、人間関係は必然で形成されます。不誠実な女性に誠実な男性は近寄ってはきません。やさしさのない者には、同じように思いやりのない男性しか寄ってこないのです。

第三章　泣くから悲しいのか、悲しいから泣くのか

なぜ、女性は涙もろいのか

昔から、「女性は、悲しいから泣くのではなく、泣くから悲しくなるのだ」と言います。本当でしょうか。もし、本当だとしたら、なぜ、そんなことになるのでしょうか。女性は涙もろいとも言われますが、本当でしょうか。本当だとしたら、なぜ、涙もろいのでしょうか。

それをこれからお話しいたします。

これまで、女性は事実よりもその時に感じた感情のほうを正確に記憶し、その感情の記憶を基に思考する、と解説しました。実際、世間一般に、女性は男性よりも感情的だと言われています。

では、なぜ、女性は感情的になるのでしょうか。

人が何かものを考える時は、脳の中にある記憶を基に考えます。過去に記憶されたデータを基に人は思考するのです。

女性の場合は、感情を正確に記憶していますから、思考の根拠になるのは、過去において自分が感じた快―不快や悲しみ苦しみといった感情です。それゆえ、女性の思考は感情や印象が中心になるのです。

しかも、女性が感じる喜怒哀楽の大きさが男性よりも大きいのです。女性のほうが数倍から数十倍の大きな喜怒哀楽を感じています。それを正確に記憶し、かつ、正確に思い出すのです。当然のことながら、女性は涙もろくなります。

しかし、これだけでは、涙もろいことの説明には充分ではありません。実は、女性の脳には重大な秘密が隠されているのです。

感情のネットワークです。女性は、悲しみなら悲しみという感情をしっかり記憶するのみならず、悲しみという感情の記憶同士のネットワークをクモの巣のように形成しているのです。悲しみという感情同士、横のつながりが緊密なのです。そのため、女性の脳は「感情の連想ゲーム」をしやすくなっているのです。女性の言っていることが男性には脈絡がないように思えることがあるのは、男性にはそのような感情のネットワークがないからです。

たとえば、恋人にふられたとしましょう。大きな「悲しみ」が女性を襲います。女性は男性よりも大きな喜怒哀楽を感じることはすでに述べた通りです。そしてその「悲しみ」という感情同士のネットワークが脳の中に縦横無尽に形成されているために、過去において別の男性にふられた悲しみまでもが飛び出してくるのです。連鎖反応的に悲しみが刺激された結果、他の悲しみの感情が次々に呼び覚まされ、そして悲しみの量がある限界を超えた瞬間、涙が出始めるのです。これが女性の涙もろさの秘密です。

女性はしばしば、今感じている悲しみとは直接関係ない悲しみまで思い出しては涙を流しているのです。女性は涙を流しやすいというよりは、過去の悲しみの感情を刺激されやすい、と言ったほうが正確です。

なぜ、泣くと悲しくなるのか

しかし、この状態は、まだ「泣くから悲しいのだ」というところにまでは至っておりません。

どんな更なる秘密が女性には隠されているのでしょうか。

それは、「泣く」という行為が、「悲しみの象徴」として脳にインプットされているために、自分の目から涙が流れたことを確認した女性は、「ああ、自分は今悲しいんだ」ということを自覚します。

その結果、「過去において涙を流すほど悲しんだ記憶」が刺激されるのです。たとえば、昔、父親にデブとかブスなどとひどいことを言われて泣いたこととか、ペットが死んで悲しくて泣いた記憶です。涙を流すことで、彼にふられたということと直接関係のない、過去の大きな悲しみが涙で刺激されて飛び出してくるのです。そのため、脳の中では更に悲しみの感情が増大します。巨大な悲しみがどんどんわいて出てくるからです。

要するに、泣くことで過去の大きな悲しみが刺激され、その結果、脳の中が悲しみでいっぱいになるのです。こうして、「泣くから悲しくなる」のです。

もし、涙が出なければ、その時感じた悲しみは（たとえ過去の悲しみを思い出したとしても）、その時が最高で、その後は次第に気分が収まっていきます。しかし、もし、その時涙が出てしまうと、過去において涙を流すほど悲しかった大きな悲しみが次々と刺激されて、泣けば泣くほど悲しみが脳を襲うようになるのです。

はじめは一つの事実により発生した悲しみの感情が、泣くことにより、他の過去の悲しみの感情が連想されて一気に悲しくなってしまうのです。そうなると、悲しみのネットワークを通して次々と連鎖反応のように過去の悲しみが思い出され、女性は延々と一時間も二時間も泣き続けることができるのです。

これが「泣くから悲しいのだ」というメカニズムです。

男性は泣けない

男性には、連鎖反応的な思考回路はあまりありません。そもそも、悲しみの感情の記憶が女性よりも少ないために、連想して過去の悲しみを刺激される、ということは男性にはほとんどありません。

男性は、事実を中心に記憶しますので、恋人にふられて悲しい時は、過去の悲しみを思い出すというよりは、過去においてふられたシーンを思い出します。ふられた事実のほうを思い出すのです。その結果、惨めな気分になるのです。

女性とは反対です。女性は直接過去の悲しみを思い出しては更に悲しくなるのに対し、男性の場合は、今回ふられたという事実が過去にふられた事実を刺激して、それを思い出すのです。男性は、過去の惨めな事実を思い出して、悲しくなるというよりは、「何で、このオレがふられなきゃいけないんだ」「オレのどこが気に入らないっていうんだよ！」と、腹が立ってくるのです。

男性は、悲しくなるというよりは、ふられっぱなしだった自分の人生（事実）を思い出すことで惨めになるのです。男性を惨めにさせるのは、過去の悲しみではなく、過去のふられ続けたという事実のほうなのです。

もちろん、ふられた悲しみもまた男性の脳に発生しますが、女性の場合ほどではありません。まして、頭全体が悲しみという感情で埋め尽くされることはめったにありません。男性はもともと悲しみの感情の記憶も曖昧ですし、連鎖反応的に過去の悲しみを思い出すこともないからです。それゆえ、涙が出ることもめったにありません。

男性の場合は、ふられたことにより、思い通りに恋愛できなかったという事実群を思い出して怒ります。その怒りのためにやけ酒をしたくなるのです。イライラしてきて暴力的にもなります。モノや人に八つ当たりしたくなるのです。だから男性は、怒って犯罪に走りやすいのです。その点、女性は悲しみでいっぱいになって泣き始めますので、やけ食いをすることはあっても、犯罪を犯すまでには至りません。女性は、怒りよりも悲しみが余計に出てくるからです。

女性は、悲しさを生み出した事実よりも、悲しかった、という感情そのものを思い出すのです。だから気分は悲劇のヒロインです。もちろん、女性も、イライラして人に八つ当たりすることもありますが、男性の怒りと比較すると少ないのです。そして、泣き終えて、冷静に事実を見つめられるようになってようやく、理不尽な仕打ちや男の不誠実さに腹が立ってくるのです。しかし、悲しみで泣いている最中は、悲しみの感情が次々と飛び出してきて、ただただ悲しくなるために、怒りが出てくることはあまりありません。だから女性は男性と比較すると怒りのあまりの犯罪を犯しにくいのです。

男性が女性の涙にうろたえる理由

女性の涙もろさというのは、これまでお話ししたように、悲しみに敏感に反応して涙が出るというよりも、脳が悲しみでいっぱいになるから涙が出るのです。男性でも、脳が悲しみでいっぱいになれば涙が流れます。男性が涙もろくないのは、頭の中が感情よりも事実を思い出しやすい構造になっているからです。そして、女性のように、めったなことでは頭の中が悲しみで埋め尽くされる、ということがないからです。

それゆえ、男性が泣く時というのは、単独の悲しみとしてはものすごく大きな悲しみを感じている時に限られます。連鎖反応がなくても涙が出るほど大きな悲しみを感じている時です。通常の悲しみ一〇〜一〇〇個分の悲しみを、一つの事実、たとえば親や兄弟が死んだ、受験に落ちた、という事実から感じている時にのみ男性は涙を流すのです。

さて、人間は、自分の経験した範囲でしかものを考えられない動物です。男性には、女性のように、連鎖反応的に自分の頭が悲しみでいっぱいになった経験がほとんどありません。そのため、多くの男性は、目の前で女性に涙を流されると、その理由が理解できずにオロオロしてしまうのです。男性に限らず、人は、未知なることを恐れる性質があるのです。

男性には、悲しみという感情で頭が埋め尽くされた、という経験がないために、女性の涙の意味が理解できないのです。男性である自分にはめったにおこらないこと、つまり人前で涙を流す、ということを女性がすると、たとえ理性で女性は涙もろいことを知っていても、それが男性の理解を超えた行為であるために、「こりゃあ、たいへんなことがおきた」と男性は恐れおののくのです。

目の前で女性に泣かれると、男性のほうがパニック状態になります。なぜ相手の女性が泣いているのか理解不能だからです。答がわからなくてパニックに陥るのです。

自分に経験がないために、いくら女性の涙のわけを推察しようとしても見つからないのです。男性は、自分の過去の経験を総動員しても女性の涙の意味はわかりません。まさか、関係ない悲しみまで連想して泣いている、なんて、夢にも思いません。そういう思考回路は男性にはないからです。

「どうして泣くの？」と女性に聞いても、「過去の悲しみまで思い出しちゃって……」などと答える女性は一人もおりません。悲しみでいっぱいの状態ですから、たいていの女性は言葉を発することもできないのです。でも、この女性の「無言」という反応は、さらに男性をパニック状態にします。

なぜなら、男性が涙を流す時は、その因果関係がはっきりしていることが多いからです。結婚が破談になったとか、不合格だったとか、納得できるそれなりの理由があるのです。聞かれれば、「恋人にふられて泣いている」と男性は涙の理由を明確に答えられるのです。人は誰でも自分の経験を基にものごとを理解しようとしますので、「なぜ泣くの？」と女性に質問しているにもかかわらず、答えてもらえないという状態は、いよいよもって男性を恐怖に陥れるのです。真面目な男性ほどパニック状態になります。

女性のパニックは何も考えられなくなるために発生するのに対し、男性のパニックは、考えても考えても答が出なくて焦った結果発生します。目の前にいる女性を助けたいと思っている真面目な男性ほど、パニックに陥ってしまいます。

ウソ泣きができる女性もいる

女性は、涙を出そうと思ったら、過去の悲しい感情を思い出して意図的に涙を出すことができます。もちろん、こうしたことが得意な女性と不得意な女性がおりますが、平均値で比較すれば、女性は男性よりもはるかに涙を流すことが得意です。つまり、換言すれば、女性はウソ泣きの達人である、ということです。

女性は、この才能を利用して男性を懲《こ》らしめることができます。泣くほどの悲しみやショックでなくても、男性に制裁を加えるために、あるいは男性を責めるために、「泣いてみせる」のです。それも、無意識にできるのです。無意識だけど意図的にできるのです。しかも、その「ウソ泣き」は、決して男性にバレることはありません。安全度のきわめて高いしかも効果的な攻撃方法なのです。

でも、こうした女性のウラのメカニズムを男性が知ったら、「だまされた！」と怒り狂うことでしょう。実際、悪い女性ですと、自分の涙で男性がパニックに陥ってオロオロし始めると、急に冷静になって「へへへ、ザマーミロ」とか「作戦成功！」と舌をぺろっと出す人がおります。でも、急に冷静な自分に戻ったら、ウソ泣きであったことがバレてしまいますので、しばらく泣いたままにしておきます。涙が出なくなったら、また意図的に、ちょっと悲しみを思い出せばいいのです。再び連鎖反応的に悲しみが押し寄せて、自動的に涙が出てくるからです。

多くの女性は、その場の状況に合わせて涙の量を調節できます。もし、男性でこれができるとしたら、それはよほど役者としての才能に恵まれたごく一部の人だけです。男性にはできないことだからこそ、女性の涙は、強い武器となるのです。女性の涙は、同性の女性には効果がなくても、男性にはバツグンに効果があるのです。

男性を自分の意のままに操ろうと思ったら、言葉で訴えるよりは、一時間ほど泣いてみせたほうが効果的です。浮気した男性を責める時も効果的です。言葉で責めまくったら男性の心が離れていく危険がありますが、黙って涙を流したら、男性はオロオロし始め、深く反省することでしょう。男性を混乱に陥れて自分の意のままに操るほうが賢明です。

女性がパニックに陥りやすいわけ

女性がパニックに陥りやすいのはなぜでしょうか。

それは、女性は連想しやすい脳だからです。さきほどの涙もろくなるメカニズムと同じです。

たとえば「恐怖」を感じると、過去の恐怖までもが飛び出してきます。そうやって連鎖反応的に恐怖が恐怖をよび、頭の中は恐怖という感情でいっぱいになってしまうのです。

悲しみの場合は、涙が出ますが、恐怖の場合は、体がガタガタ震えてきます。体が震えているのを理性が認識すると、「ああ、自分は怖がっているんだ」と自覚するために、いよいよ頭の中は恐怖でいっぱいになり、さらに過去の恐怖が刺激されて思い出される、という悪循環に陥ります。不安も同様です。何かのきっかけで不安の感情が発生すると、同様のメカニズムで次々と不安が出てきて、頭の中は不安でいっぱいになるのです。

こうなると、正常な思考ができなくなります。家に一人でいる時はさほど支障がなくても、もし、クルマの運転中に不安や恐怖や悲しみで頭がいっぱいになるとたいへん危険です。注意して運転しているつもりでも、頭がぼーっとしてきて、歩行者や自転車の存在に気がつくのが遅くなります。実際、交通事故の調書を見ると、女性の精神状態が不安定な時ほど、重大事故をおこしていることがわかります。典型例は、朝、夫とケンカし、通勤途上の交差点で衝突して死亡、原因は前方左右の不注意……というものです。

当人は一生懸命運転しているつもりでも、注意力が散漫になっているのです。いえ、クルマを運転する時だけでなく、歩行者として歩いている時、あるいは自転車を運転している時も同様に危険です。女性は何かに気をとられてぼーっとしてしまうことが多いのです。こういう現象は男性にもありますが、圧倒的に女性に多いのです。

ですから、今後、何かイヤなことがあった日や、何かに深く悩んでいる時は、クルマの運転には注意したほうがいいでしょう。注意するとは、具体的には、女性にはこういうメカニズムがあることを強く意識する、ということです。意識しただけでずいぶん事故が防げるはずです。もし、知らないと、自分としてはふだんの通りに正常に運転していると思い込んでいますから、自分の運転を過信してしまうことになるからです。注意力散漫になっていることに気がつかない、ということは恐ろしいことです。

しかし、「悲しみや恐怖が連鎖反応的に出現してマイナスの感情でいっぱいになると、正常な思考や判断ができなくなってしまって危険だ」「注意力散漫になっているかもしれない」ということを知っていれば、ふだんよりもゆっくり走ろうとか、ふだんよりも道路状況をよく見て走ろうとか、あるいは、電車の運転士のように、「信号よし」とか「歩行者に注意」と自分で点呼して注意を喚起しようとします。こうやって事故を未然に防ぐことができるのです。ちょっとした気遣いがあればできることです。

女性はクルマの運転が得意？

女性の脳の中では感情が優位に動いておりますので、事実と事実を論理的につないだり、冷静に現状（または事実）分析をするのはあまり得意ではありません。そのため、クルマの運転のように、短い時間で事実を分析し、論理的に思考し、相手の動きを予測して判断をする、というような作業はどちらかと言えば女性には不得意な分野なのです。

個人差もありますが、ドライブ好きというのが圧倒的に男性に多いのはそのためです。女性のドライブ好きは、みずから運転してのドライブ好きと言うよりは、運転してもらってのドライブ好きです。

平均的女性は、平均的男性と比較すると、運転は得意なほうではありませんので、男性よりも疲れてしまいます。数十キロから一〇〇キロ程度の短距離のドライブならいいのですが、それ以上のロングドライブとなると、よほどのクルマ好きの女性でないと、する気になれないのです。

多くの女性は、男性が平気で一日に数百キロも運転する姿を見て、よく疲れないものだなぁ、と不思議に思いますが、それは自分の運転した時の体験、つまり、疲れるという体験を基にした感想なのです。男性は、女性が思っているほどドライブしても疲れないのです。

パニックの限度を超えた場合

一時的にパニックになっても、しばらくすると冷静になる女性ですが、しかし、悲しみや怒りの量がある限界を超えると、女性は長い時間コントロール不能に陥ることがあります。そして、何が何だか自分でもわけがわからなくなって、とんでもないことをしてしまうことがあるのです。

たとえば、恋人の浮気現場を目撃して逆上し、相手の女性を刺してしまう、というような行為です。悪いのは浮気をした男性なのに、相手の女性を刺してしまうのです。後先のことを考えずに凶行に走るのです。

それほど大げさなことでなくても、たとえば、クルマを運転中に、女性はパニックに陥ることがあります。交差点であちこちからクルマが来て、どうハンドルを切っていいのかわからなくなった時、体が固まって動かなくなってしまうのです。人によっては、手と足をハンドルとブレーキの全部から離してしまって、バンザイするような格好をしてしまうことがあります。実際、それで事故になった例もあります。男性でもそういうことが原因で事故をおこす例がありますが、やはり平均をとると、女性のほうが圧倒的に多いのです。

女性の脳は、連想の脳なので、悲しみなら悲しみという感情があっという間に脳を占拠してしまうと、それ以外のことは何も考えられなくなってしまうのです。コンピューターが突然フリーズして動かなくなってしまった状態と似ています。どのキーを押してもまったくウンともスンとも言わなくなります。

ひとたびこういう状態になってしまうと、いくら言葉で冷静になれ、などと言っても無理です。悲しみであれ、悦びであれ、一つの感情で頭が埋め尽くされてしまったら、しばらく放心状態となります。少なくとも、数分から数十分の冷却期間がないと、通常の状態には戻りません。

だからこそ、そうなる前に、自分で自分の心を監視して、防止しないといけないのです。

簡単なことです。女性特有の脳の特性を理解し、運転席に座った時、「今日はイライラしているから、ふだんよりゆっくりめに走ろう。たとえノロノロ走って後ろのクルマからクラクションを鳴らされても、事故をおこすよりはいい。幼児の飛び出しはないか、自転車は大丈夫か、いつもより慎重に前方を見て運転しよう」と自分に言い聞かせればいいのです。口に出して言うといっそう効果的です。こういう作業なしに乗り込むと、赤信号を見落としてしまったりするのです。自転車を運転している時なら、クルマにはねられて死んでしまいますし、自分がクルマを運転中なら、ぼーっとした時、人を殺してしまうかもしれません。

では男性の運転は安全か、というと必ずしもそうとは言えません。なぜなら、過去にふられまくった事実を思い出して、怒りでキレてしまうからです。こういう時は攻撃的になっていますので、暴走運転をして事故をおこしてしまう確率は非常に高くなります。男性に無謀運転が多いのもこうした理由によるのです。女性の事故はうっかりミスが多いのに対して、男性の事故は自爆事故が多い理由がここにあります。

パニックになる女性の脳は、「女のカン」の原点でもある

こうして見てきますと、女性は男性に比べて劣っているようですが、実は違います。第二章で解説しましたように、女性の脳というのは天才の脳に近いのです。

女性がパニックに陥りやすい理由は、連鎖反応的思考による、と述べました。この連鎖反応的思考こそ、女性特有のカンを生み出す原点なのです。

パニックに陥るのは、連想が得意という能力が裏目に出た時の話で、それがうまく機能した時というのは、すばらしい直感力となります。天才に見られる思考法です。男性にはない女性特有の能力です。

第一章で、女性に面接試験をやらせたら、男性が三時間かかる面接を三分間で終わる、という話をしましたが、その能力の秘密こそ、この連想能力なのです。

女性のカンというのは、百発百中とはいきませんが、かなりの確率で当たります。ただし、第一章で解説しましたように、「その女性にとって」という前提つきです。

女性は、自分が気持ちよく生きていくことに情熱を傾けておりますので、客観性には多少の問題があるにせよ、かなり的確に人を見抜きます。ですから、面接試験のように短時間で人を判断しなくてはいけないような場合は、女性のカンはたいへん役に立ちます。過去のだまされた経験のすべてを使って判定することができるからです。

女性は、網目状に張り巡らされたネットワーク（網の糸と糸の結び目がだまされた時の不快な感情だと思ってください）を持っておりますので、過去にだまされた時のくやしさ

（不快感）と共に、その時の事実を思い出します。たとえ事実に関する情報量が少なくても、過去のすべての情報を総動員するのですから、男性の論理的、かつ、直線的思考に匹敵する判断、いえ、時にはそれ以上にすぐれた判断ができるのです。問題は、その女性の独断と偏見が混じってしまうことですが、それを差し引いても参考意見としてはきわめて有効です。もっと利用すべき女性の能力です。

なぜ、こうしたすばらしい女性の能力が活用されてこなかったのでしょうか。

それには重大な理由があります。

それは女性が、その判断の根拠を言葉で説明できないからです。なぜ、その人が信用に値する人なのか、ということを女性は直感的に判断できても、そう判断した理由を言葉で人に説明できないのです。「何となく」としか言えないのです。女性の思考は、網で動物を捕まえるがごとく、網目状のネットワークで相手の全体像を直感的に見抜くのです。全体像を見抜いても、見抜いた内容を言葉で説明することはむずかしいのです。

現代社会では、論理的に言葉で説明できないと、どんなにするどい判断や決断をしても、通りません。説得力がない、という理由で却下されてしまうからです。

恐るべし女性の思考

女性のカンが鋭いのには、もう一つの重要な理由があります。

男性には見えないものが女性には見えるのです。つまり、女性は、男性よりもはるかに豊かな感情の世界で生きているので、男性には感じ取れないものを感じ取ることができるのです。

なぜこんなことが女性にはできるのでしょうか。

女性は、男性よりもきめの細かい感情の世界で生きているからです。うれしいという言葉一つとっても、女性は、何十、何百のうれしいという感情を使い分けて生きているのです。

特に花や赤ちゃん、そしてうさぎなどの小動物や、かわいいもの、きれいなものに対する感受性は女性は非常に高いのです。感受性が高いだけではなく、きわめて豊かな感情の世界で生きているのです。

たとえば、女性が言う「きれい」とか「かわいい」という言葉には何十種類もの「かわいい」や「きれい」があるのです。男性には数種類しかありません。男性の感じる心の世界というのは、女性と比較するとおおざっぱなのです。

ただ、それら微妙に異なる何十種類もの感情のすべてが言葉と対応しているわけではありません。いえ、実は、名前のついていない感情がこの世にはたくさんあるのです。つまり、感情だけあって名前がついていないものがあるのです。女性が思考する時は、その名前のついていない感情をもそのまま使っています。

これは男性にはまったくできない芸当です。そもそも男性は何十種類もの感情の世界を知りませんし、まして、名前のついていない感情さえも駆使して（感情を思い出して）思考するなどということはまったく不可能です。

名前のついていない感情というのは、たとえば、「やばつい」という言葉で表される感情です。山形県の方言ですが、実は、これに相当する標準語はありません。大阪弁にもありません。

「やばつい」、という言葉の語源は、藪露（やぶつゆ）です。露のおりた藪を歩くと、衣服に水滴がくっついて濡れてしまいます。誰でも服が濡れたら気持ち悪いですが、その時感じる不快の感情のことを山形県では「やばつい」と言うのです。しかし、これに相当する言葉は標準語にはありませんので、関東や関西地区に住む人々は、「やばつい」と感じながらも、それを言語化して意識することはありません。ただ単に濡れて気持ち悪いと思っているだけです。しかし、「やばつい」と感じていないわけではありません。感じているのに、それに対応する言葉がないために言語化しないのです。

この「やばつい」という言葉で表される感情は、山形県では言葉に対応していますが、それ以外の地区では名前のついていない感情です。このように、私たちの経験する感情のすべてに名前がついているわけではないのです。しかし、女性は、名前のついていない感情でさえも正確に記憶し、そしてそれを思い出し、かつ、それを活用して思考し、共感までしているのです。恐るべき女性の思考です。つまり女性は、過去に感じたさまざまな感情を正確に記憶し、それを思い出しながら思考しますが、その時、名前のついていない感情をも含めて思考している、ということです。このような芸当は男性にはできません。だから、女性は、男性には感じ取れないものを感じて生きているのです。男性には見えないものが見えるのです。

また、女性は、「悲しい」という言葉一つとっても、さまざまな種類の悲しみを経験しています。女性にとって「悲しみ」という言葉は、一つの意味だけではなく、何十種類の悲しみの感情の総称なのです。しかし、男性は、もともと喜怒哀楽の世界が貧弱で単純ですので、せいぜい、親が死んで悲しい、ペットが死んで悲しいという程度の数種類の悲しみの世界しか知りません。悲しみのバラエティが少ないのです。

その点、女性は、非常に豊かな感情の世界に住んでおりますので、「気持ちいい」ということ一つとっても、実は何十種類の気持ちよさを区別しながら友人と語り合っているのです。たとえて言えば、女性が何百種類もの花を見分けて楽しめるのに対し、男性はというと、チューリップとバラとひまわりくらいしか花を知らないのです。こんなさんたんたる状態ですから、男性が女性同士の会話に加わることは困難なのです。知らない花の名前がガンガン飛び交うような話を聞かされても、戸惑うばかりです。女性たちはまさに、男性の知らない世界の話をしているのです。

しかも、女性は、女性同士で共感し合うことが大好きですから、ますますこの能力（感受性の豊かさ、感情の弁別能力、そして共感能力）は鍛えられます。つまり、女性同士で仲良くしている人ほど、何十種類ものさまざまな感情を弁別し、かつ、それらを使った思考能力が磨かれる、ということです。つまりは、カンが冴えるということです。換言すれば、母親に愛された女性ほど、あるいは、親友のいる女性ほど、心の豊かな世界に住んでいるということです。

男性に感じ取れないものを感じ取れるという意味では、女性の意見を政治や社会の運営に活かすことはきわめて重要です。女性は、自然の悲鳴や子どもの悲鳴など、男性には聞き取れないものを聞いているからです。

ただ唯一の問題は、前述したように、「なぜ、それが重要か」ということを論理的な言葉で説明できないことです。でも、説明できないからと言って、問題視しないのは間違いです。

女性が「それは重要な気がする」と言うことの中に、本当に重要な項目が含まれていることが多いからです。女性の中には、個人的な事情だけで重要だと主張してしまう人もいますが、愛情豊かな世界で生きてきた女性（＝人を愛してきた女性）が「重要だ」と言うことには相当の深い意味が込められていると言っていいでしょう。天才的と言っていいほどの含蓄があると思って差し支えありません。こうした女性の能力をもっと男性は尊重すべきです。人を愛してきた女性の言葉に、世の政治家たちはもっと耳を傾けるべきでしょう。

女性にとって言葉とは

真実を追求するために科学者は実験し、自説を論文にして発表します。私も科学者として英語で国際的科学ジャーナルに論文を発表しています。しかし、ものごとを言語化し、論理的にものを考え、それを記述する、ということだけがこの世の真実を理解する方法ではありません。言葉による理解だけが真実を理解する唯一の方法ではないのです。「直感的にものごとを理解する」ことも可能です。直感的に宇宙の真理を理解することが可能なのです。言葉によらない理解です。すぐれた芸術家の理解はこれに近いものと考えられます。当然ながら、こうした言葉によらないで理解したことを科学論文にすることは不可能です。なぜなら論文というのは言葉を使って書くものだからです。しかも、この世には、言葉で言い尽くせないものも数多くあるのです。

そもそも、言葉には重要な欠陥があります。言葉とはたいへん便利なものですが、正確に言葉を定義すればするほど、真理から遠ざかってしまうことがあるのです。なぜなら、言葉というのは無数の対立概念でできているからです。つまり、赤と言えば、赤でないものと対比させることで赤という言葉を定義し、赤というものを私たちは理解しているのです。

しかし、赤とピンクの境目はどこかと言うと、実はありません。同じことが、親指とか薬指という言葉にも言えます。親指と言えば、親指と親指でないものとを分けているから親指という言葉や定義が成り立つのですが、しかし、実際には親指とその付け根に境目はありません。どこまでが親指で、どこまでが手のひらなのか境目がないのです。もともと境目がないのに、無理に分けてしまったのが「言葉」なのです。だから、もともと厳密でないものを厳密に定義しようとすると矛盾が生じてしまうのです。

さて、おしゃべりが好きな女性ですが、実は女性は男性よりもいい加減に言葉を定義して使っています。豊かな感情の世界で生きている女性にとっては、言葉は感情を表す一つの記号でしかありません。女性は、自分の微妙な感情を表すのに一つの言葉で足りるとは考えていないのです。感情の種類に対して、名前（またはそれに対応する言葉）が少なすぎると感じているからです。だから、女性は男性よりも身振り手振り、抑揚などをふんだんに織り交ぜて話をするのです。そうしないと自分が感じた感情を正確に伝えることができないと思っているからです。

女性は論理に弱いと言われますが、弱いと言うよりは、女性は論理を必要としないのです。女性の思考に論理性は相容れないのです。女性がメカに弱いのも、同じ原理です。女性は、論理などいちいち作らなくても、たくさんの感情を駆使して総合的・直感的に、パッと結論を出すほうが得意だし、それで充分生きていけるのです。そのほうがいい結論を出せるのです。

ただ、こうした直感的思考によって出した結論では、自分は納得できても、人を説得することはできません。でも、論理や言葉で説得できないからと言って、それが間違いだとか、程度が低いということにはなりません。全体を網羅しているという点では、男性が得意とする論理的思考よりもすぐれていることも多いのです。

全体像をそのまま記憶してしまう

これまで何度も、女性は自分の感情を正確に記憶するという話をしました。そして、女性はそれらの喜怒哀楽の感情を思い出しては足し算をしたり、引き算してものごとを判断するのですが、その時も、情報の総合化を行います。連想ゲーム的に過去の情報を次々と引っ張り出し、網目状に張り巡らされた情報網を駆使して結論を導くのです。これが女性のカンというものです。

カンがよく当たるので、多くの女性は、論理性や客観性よりも、自分のカンに頼ろうとします。女性は論理性に弱いと言うよりも、カンのほうが当たるからこそ、感情の情報に頼ってしまうのです。人を説得しなくてはいけないことがある時は別ですが、誰とつきあうか、どんなつきあいをするか、今晩のおかずは何にするか、というような自分の悦びのための意思決定は、カンに頼ったほうがうまくいくことのほうが多いのです。

さて、そのカンですが、女性のカンは、恋人（男性）に関する分野、女性（同性）に関する分野、食べ物に関する分野、ファッション（エステや髪型、化粧も含む）に関する分野という、ある特定の分野で発揮されます。しかし、自分の興味ある分野でしかカンを働かせることはできません。景気は今後どうなるのか、とか、為替レートは今後どうなるのか、など、経済に無関心な女性の場合は、女性特有のカンを働かせることは不可能です。女性のカンは、あくまでも、その女性が興味を持っているものだけに限られます。

たとえば、おいしいパンかどうか、味見をせずに外見だけで見分けられる女性がいますが、それは「おいしいパンを食べたい」という強い衝動がカンを形成するのです。

ではこれから女性のカンの仕組みを説明いたしましょう。

女性はおいしい食べ物にも情熱を傾けますので、もともと男性よりも、快―不快（おいしい—まずい）の感情に敏感です。しっかり感情を記憶しますし、かつまた、おいしかったパンの形や色、つや、そして売っているお店の感じなどを記憶します。細かい事実を記憶するというよりは、パン（食パンではなく、フランスパンや丸いパンをイメージしてください）の全体像を記憶するのです。この全体像を記憶する、というのが一つのポイントです。パンの細部を見て、ここはああだから、とかあそこはこうだから、といちいち言語化せず、パン全体の雰囲気を記憶してしまうのです。女性は、雰囲気を感じ取る能力がすぐれているのです。

そして、おいしいパンの全体像（雰囲気）を何枚も何枚も脳の中で重ねていくのです。はじめはおいしいパンのイメージは漠然としていますが、何十枚、何百枚と重ねていくうちに、言葉では説明できないけれども「こんな感じのパンがおいしい」という、イメージができあがるのです。

そして、今目の前にあるパンを判定する時は、網目状に張り巡らされた思考のネットワークを使って、どのくらい「おいしいパン」のイメージと一致するかを計算するのです。一致度が高ければおいしいと判断するのです。パン好きの女性なら、一〇年くらいでイメージと味が一致するようになります。つまり、外見だけでパンのおいしさが判定できるようになるのです。

おいしいイメージを重ね合わせるというのは、換言すれば、連鎖反応的に過去のおいしいパンの形状を思い出す、ということです。おいしいという感情と共に過去に食べたおいしいパンの姿を全部思い出すのです。その合成されたイメージとどのくらい一致するかを女性は見て判断するのです。

一方、男性は、こういうことができないわけではありませんが、プロの料理人を除き、女性ほど得意ではありません。男性は自分の仕事とか趣味でこだわっている分野、たとえば釣り人がこういう川のこういう場所には魚がいる、とか、山菜採りをする人がこういう山の感じだと山菜がありそうだ、とか、そういうことにおいてはある程度カンを働かせることができますが、女性のように、人の顔や食べ物など、日常生活の多くの場面においてカンを働かせることはできません。

女性はイメージで行動している

女性には、「おいしいパンのイメージ」のほかに、それぞれについてたくさんのおいしいイメージを持っています。たとえば、おいしいピザのイメージとか、やさしい女性のイメージ、理想の男性のイメージなどです。

女性は、恋人を探す時も、このイメージを使います。ですから、お見合いする場合、やさしくて智恵も勇気もあって愛情深くて誠実な人を探そうとするよりは、もともと自分の胸の中にある「理想の男性像」に一番似ている人を第一希望の人とするのです。意識のうえでは愛情深くて誠実な人を探しているつもりですが、現実には、もともと持っている「理想の男性像」に一番似ている男性を探してしまうのです。

女性は、男性という人間に対するイメージもパンと同じ要領で作るのです。自分が一緒にいて気持ちいいと感じた男性の顔や全体像を漠然とですが記憶します。パンの時と同じように、好感を持った男性の顔を何枚も重ねていくのです。特に好きだった人の顔は強く焼き付けます。モンタージュ写真のように「理想の男性像」を形成するのです。こうして、自分の好みの男性のタイプは「こんな感じの顔」というイメージができあがるのです。

女性の心の中には、分野別にこうした「こんな感じの○○」というイメージがあるのです。でも、それを言葉で説明するのはむずかしいのです。「こんな感じ」というイメージですので、強いて言えば、輪郭のはっきりしない山水画や水彩画のようなものです。それでも女性は自分の好みのタイプという確固たるイメージを持っているのです。

嫌いな人の場合も同じ手順でイメージを作ります。その結果、「こんな感じの顔の男性は嫌い」「こんな顔の男はキレている」というイメージを作るのです。そういう男性が自分に寄ってきたら、女性はすっと逃げてしまうのです。そうしないと、自分の心におぞましいものが入ってきて被害を受けてしまうからです。被害を受けやすい女性ですから、顔に関しては男性よりも確固たるイメージを持っています。

女性は、ひとたびイメージができあがってそれが当たり始めると、つまり、カンが当たり始めると、なかなかそれを変更しようとはしなくなります。だから女性はガンコで保守的に見えるのです。

人によっていつ頃イメージを完成させるか、あるいは、完成後どの程度保守的か、ということは大きく違いますが、一般に女性はガンコです。たとえ自分のいだいていたイメージが自分にとってベストでないことがわかっても、なかなか変更しようとしないものです。詳しくは第五章でも述べますが、幼少の頃に、たくさんの人から気持ちいい愛情をタップリと受けなかった女の子は、愛情うすい人のイメージを理想の男性像にしてしまいます。自分の胸の中にあるイメージに合う男性を探しては恋をして、何度も裏切られて失敗しても、女性は同じタイプの男性を求め続けてしまう傾向が強いのです。

その点、男性がお見合いをしたら、その中で、一番自分を尊敬し、応援してくれそうな女性を選ぼうとします。決して、自分の理想の女性像に似た人を優先して選ぶわけではありません。

しかし、女性の場合、自分の好みのタイプ（＝理想の男性像と似ているタイプ）の男性でないと、はじめからつきあおうとしないことが多いのです。男性とは対照的です。男性は自分の好みのタイプでなくても、かわいい子だな、自分の応援団になってくれそうだな、と思ったらとりあえず声をかけてみるものです。

女性の二分法

女性はセクハラや怒りの被害（汚染されること）を受けやすいため、女性は、汚れないように、必死で自分の身を守らなければいけないのです。女性は、人の怒りで心が汚染されることが多いので、特に人には警戒します。女性が一般に怖がりなのは、肉体的に筋力が弱いからではなく、人の怒りで汚染されやすいからです。そして、女性が男性に守ってもらいたいのは、世にただよう怒りからのです。守る一番の方法は愛されることです。愛される快感が、怒りを追い出すからです。怒りと愛される悦びは拮抗しますので、女性は愛されれば愛されるほど、汚染からは解放されるのです。つまり純真無垢になるのです。

そのために、自分を守ってくれそうな男性の像を過去の経験から作り出し、そのイメージと一致した人に守ってもらおうとするのです。

しかし、そうは言っても、頼りになる恋人や夫がいない独身女性の場合は、一人で自分の身を守らなくてはいけません。人の怒りによる汚染から自分を守るのに有効な思考方法は、二分法で行動することです。

二分法とは、いい人か、悪い人か、と二種類に分けてしまうことです。○か×かという思考です。自分を傷つけた人、自分に悪いことをした人の像を重ね合わせて、悪い人の顔のイメージを作り、その像に似た人に×をつけるのです。

△は敢えてつけないのです。なぜなら、△の人と不用意につきあって汚染されたらたいへんだからです。安全のために、疑わしきは×にしてしまうのです。

そのため、女性の男性への要求の点数は高くなります。つまり、高得点の男性としかつきあわない、という姿勢です。その点数を何点に設定するかは女性によって異なりますが、男性よりも高いのがふつうです。高くなればなるほど、つきあってもいいと思える男性の絶対数は減りますが、汚染される危険も減ります。逆に、点数を低くすれば、つきあってもいいと思える男性は増えますが、汚染される危険は増します。

女性の基本路線は、安全第一です。男性がつきあってもいいと思える女性の合格ラインを六〇点だとしますと、女性は九〇点くらいになります。しかも、二分法ですから、〇点か一〇〇点か（九〇点以上は一〇〇点で、八九点以下は〇点です）、あるいは、合格者か不合格者の男性しかこの世にはいないのです。極端に言えば、女性にとって、男性とは、つきあってみたいという合格者と、つきあいたくない不合格者の二種類しかいないのです。

女性が迷いやすいわけ

女性にとって男性は〇点か一〇〇点のいずれかしかない、とはいえ、いざ結婚となると迷います。

実は女性の迷いの第一の理由は、「もう少し探せば、もっといい男がいるのではないか」「もう少し待てばもっと自分を愛してくれる男性と出会えるのではないか」という迷いです。

男性からしてみれば、実に不愉快な迷いです。こんな失礼な迷いはありません。たとえ、やっぱりあなたでいい、と女性が決断し、プロポーズをOKしても、「こいつは、オレと結婚してからも、誰かいい男いないかな、と探すんじゃないのか」と不安になります。男性としては「ぜひ、あなたと結婚したい！」と言われたいのです。

しかし、愛されることが気持ちいい女性だからこそ、「今つきあっている男性よりも高い点数の男性（一緒にいてもっと気持ちよくなれる男性）がいるのではないか」と考えてしまうのです。

事実、女性は、たとえ婚約しても、いいえ、結婚しても、「他にもっといい男がいるのでは？」「本当に自分の結婚はこれでいいのだろうか？」という発想を捨て切れないことが多いのです。女性は、愛されたら気持ちよくなれる、ということを体験的に知っているからです。意識はしませんが、この世で一番自分を大事にしてくれる男性をいつも探そうとしているのです。

なぜ、女性はかくも迷うのでしょうか。

それは、女性は誰と一緒にいるかによって、その時得られる悦びの量が何百倍も違うからです。

たとえば、一万円のフランス料理を食べたとしましょう。もし、自分を心から愛してくれる男性と一緒なら、一〇〇万円分の悦び（おいしさ）を味わえます。しかし、智恵も勇気も愛もない男性と一緒だと、一〇〇円分の悦び（おいしさ）しか得られないのです。女性は経験的に、こういうことをよく知っているのです。言語化したり、意識はしませんが、誰と結婚するかで、生涯に得られる悦びや感動の総量が何万倍も変わってしまうことを女性は知っているのです。

換言すれば、二〇万円の給料をもらっている男性でも、智恵も勇気も愛もある「いい男」なら、二〇〇万円の給料をもらっているのと同じ価値があるのです。お金で豪華さやラクは買えても、お金で「悦び」や「幸せ」が買えないことを、「いい女」はよく知っているのです。お金があれば、グリーン車やファーストクラスに乗ることができます。とても豪華でらくちんです。でも、グリーン車に乗ることで得られる「ラク」という快感よりも、愛し合っているふたりが「おいしいね」「よかったね」「うれしいね」と共感することで得られる悦びのほうがはるかに大きいのです。悦びを分かち合うという悦びがないと、女性の心は満たされないのです。心が満たされなければ、どんなに豪華な毎日をおくっても心はカラッポなままです。女性は、心がカラッポですと、非常な苦痛を感じます。贅沢《ぜいたく》三昧《ざんまい》をしても、埋められる苦痛ではありません。

ですから、たとえ相手の男性の給料が二〇〇万円だとしても、悦びの共感ができないような男性ですと、二万円の給料をもらっているのと同じ価値しかありません。これではせっかく高給取りの男性と結婚しても何の意味もありません。「こんなハズじゃなかった」とむなしくなるだけです（詳しくは、拙著『女は男のどこを見ているか』〈ちくま新書〉をごらんください）。

だから、女性は迷うのです。結婚を決めても、なお、一万円の料理が一〇〇〇万円の味になる男性がいるのではないか、と不安になるのです。女性は、かくも欲張りです。でも、女性の立場からしたら、せこいと言われようが、ずるいと言われようが、これは死活問題です。結婚相手次第で、大貧民になったり、大富豪になったりしてしまうからです。

第四章　女性のカンを妨害するもの

その①自己欺瞞

女性は、愛されてこそカンが働くようになる

女性は、愛されることに命をかけていると、これまでお話してきましたが、愛されてこそカンが働くようになるのです。愛されないとカンは働かないのです。これは困ったことです。

なぜなら、愛されるためにカンが必要なのに、愛されないとカンが働かないからです。それもホンモノの愛でないとダメなのです。女性は、愛に限らず、ホンモノに触れないと、悦びを得るためのネットワークは形成されません。

なぜでしょうか。

それは、ホンモノの愛によって得られるホンモノの気持ちよさを基にして思考のネットワークを作らないと、ホンモノに出会えるカンが発達しないからです。ホンモノの愛から得られたホンモノの気持ちよさ、そして、その気持ちよさに付属する事実をつないでネットワークが形成されてはじめて、ホンモノを見つけ出すカンが発達するのです。

女性のカンが当たらなくなる三つの理由

男性の見えないものまで見て、かつ天才的思考方法で、しっかりものごとの本質を見極めることができるのが女性だとお話ししてきましたが、しかし、これを読んだ女性読者の中には、「自分のカンは肝心な時にハズレるし、現に自分は幸福ではない」と嘆いている人がいるかもしれません。

実は、女性であれば誰でもカンが冴えわたるわけではありません。いえ、それどころか不幸になるようにカンが働いてしまうこともあるのです。

女性のカンを当たらなくしてしまう三つの理由があります。

一つめは、愛されないとダメ、という理由です。この章では、父親に愛されなかったために自己欺瞞をおこし、そのためにカンが破壊されてしまった例を紹介します。間違った情報を入力したために間違った答が出てしまったというお話です。

二つめは、女性は与えられたものの中から選択しようとする性質があるために、過去において体験した快感が小さいものばかりだと、それを最高のものと勘違いして、小さい快を求めるカンが発達してしまうという理由です。大きな快を求めたつもりが、実際には大きい快を避け、小さい快を得るように行動してしまうお話です。これについては次の第五章で解説します。

三つめは、自己受容できないとダメ、という理由です。女性は、自分の女性性を受容できないと、人と共感する悦びや人を受容する悦びの体験ができなくなり、それゆえに悦びを探すカンが発達しなくなるのです。第六章で解説します。

間違った情報を入力すると、間違った答を出力する

どんなに高性能なコンピューターでも、間違った情報をインプットしたら間違った答を出します。女性の脳もこれと同じです。

カンを生み出す思考のネットワークを「網」にたとえて言えば、「ニセモノばかりが引っかかってくる網」を作ってしまうようなものです。これでは引っかかってくるのはニセモノばかりです。決してホンモノを捕まえることはできません。

ホンモノを捕まえるためには、ホンモノの愛による大きな気持ちよさを脳にインプットする必要があるのです。

そのためには、女性には実体験が必須です。女性は実際に体験した快感を基に思考回路を形成するからです。

次項に説明する家庭内ストックホルムシンドロームの場合は、みずからがみずからの脳に間違った情報を入力した例です。

人は、みずから不自然なネットワークを作りあげては不幸になっていくことがあるのです。人が不幸なのは、不幸を作り出しているからです。誰かに不幸にさせられているわけではありません。みずから不幸を作っていることがあるのです。

不幸のネットワークなのに、それを幸福のネットワークだとカン違いして行動していると努力は実りません。実らないどころか、努力すればするほど悪いことが発生します。

自分のズレに気がつかない限り、どんなによく考えて恋人選びをしたつもりでも、自分を不幸にする男性を結婚相手に選んでしまいます。間違った情報を基にしているので、自分を不幸にする男性に魅力を感じてしまうからです。

本来は、女性を幸せにするためのカンなのですが、これが裏目に出ると、女性を不幸にするためのカンになってしまうのです。一生懸命努力した結果不幸になることほど不幸なことはありません。カンが裏目に出ている女性は、不幸作りの達人と言っても過言ではありません。

家庭内ストックホルムシンドローム

いよいよ本題です。

さて、女性は自分の感情に自信を持っています。しかし、この感情もカンと同様、愛されて育っていないと狂ってくることがあるのです。

でも、自分が感じている喜怒哀楽の感情に間違いなんてあるのでしょうか。

それがあるのです。

そんなバカな！　とお思いでしょうが、実際にあるのです。

「家庭内ストックホルムシンドローム（好きと嫌いをカン違いする現象）」「幸せ恐怖症（悦び多い第一希望を避け、悦び少ない第五希望を実行してしまう現象）」「思い残し症候群（恋人探しをしているつもりが、父親探しをしてしまうため不倫やテレクラ、援助交際をしてしまう原動力になる現象）」「愛と執着をカン違いすること（嫉妬や独占欲が強くなる現象。ストーカーになりやすい）」がその代表例です。その他、「男性改造願望（男性を改造したいために自己犠牲までして努力するが、結局は共倒れしてしまう現象）」や「男性破壊願望（男性を愛しているつもりが、実は破壊してしまう現象）」などがあります。

これらの現象は筆者が発見したもので、すでに十数冊の本にしてあります。詳しくはそれらの拙著をごらんください。

ここではそのうちの一つ、「家庭内ストックホルムシンドローム（DSS）」をこれまでの本に書いていない説明を加えて簡単に解説しましょう。

「家庭内ストックホルムシンドローム（以下DSSと表記します）」は、一九九九年に筆者が週刊朝日誌上で提唱したものです。二〇〇一年に、TBSの「回復！スパスパ人間学」で取り上げられた時は、二三％（平均視聴率は一五％）という驚異的な視聴率を記録しました。この視聴率の高さは、それだけ心当たりのある人が多かったということです。

DSSとは、好きと嫌いを取り違えてしまう現象のことです。

嫌いと感じた情報を、好きと改ざんして記憶し、情報処理をするのですから、人選を間違えて当然です。

DSSは、男性にも発生しますが、感情をしっかり記憶する女性に多く見られる現象です。いいえ、自分の感情に自信を持っている女性だからこそ発生しやすいのです。

嫌いな人を見ると「好きな人」とカン違いして結婚までしてしまうのです。中には、キスをされても気持ち悪く感じ、セックスをした時は落ち込んでしまったのですが、それでも結婚を決意した人がおりました。その人は、数年で離婚してしまいましたが、好きと嫌いをカン違いするというのは、かくもすさまじいものなのです。

DSSは、意識の表面では確かに彼に魅力を感じ、彼のことを好きだと思っているのに、実は心の奥底では大嫌い、という恐ろしい現象です。心の奥底では嫌悪しているからこそ、キスやセックスをすると気持ち悪くなるのです。でも、女性の思い込みはかくも激しいものなのです。それがDSSです。

そして好きだとカン違いしたまま結婚に突入してしまいます。ゴキブリと結婚するようなものです。まさにゴキブリ亭主です。嫌いな人と一緒にいるのですから、結婚生活は楽しいはずがありません。ゴキブリが夫では、いくら楽しい人生にしようと努力しても、その努力は実りません。夫を責めてもダメです。ケンカが増えるだけです。

そして、数年もしないうちにセックスレスになったり、家庭内離婚になってしまいます。夫のパンツをハシでつまんで洗濯する奥さんがその典型例です。意識では自分の夫のことを好きだと思っていても、夫のパンツを見ると、おぞましくてさわれないのです。当然です。ゴキブリのはいたパンツなんてさわれるはずがありません。ある日突然、恋人や夫にさわられることがイヤになるのもＤＳＳが原因であることが多いのです。彼にさわってほしいのに、実際にさわられると気持ち悪くなるのです。

なぜ、好きと嫌いをカン違いしてしまうのでしょうか。

それは、幼少の頃、父親を「嫌い」と感じた時、無理矢理自分に「これは好きという感情だ」と思い込ませたからです。女性は、男性よりも自己暗示をかけるのが上手です。言い訳や自己欺瞞も上手です。事実を重視しない女性だからこそうまいのです。そして、自分で自分をだましておきながら、すっかり自分がだまされてしまうのです。その結果、このようなギャップ、つまり、好きと嫌いを取り違えてしまうとんでもない現象が発生してしまうのです。

なぜ、自己欺瞞をしてしまったのでしょうか。

それは、親から見捨てられるのを防ぐためです。

なぜ、見捨てられるのが怖いのでしょうか。

それは、幼い子どもにとって自分の家しか居場所がないからです。たとえ児童養護施設の存在を知っていたとしても、子どもは親から愛されたいと願い、また、親から嫌われることを恐れます。親から見捨てられ、家を追い出されたら、子どもは死んでしまうからです。それが怖いのです。子どもにとっては、「親から見捨てられること＝死」なのです。

どういう時に、幼い女の子は自己欺瞞をするのでしょうか。

それは、父親に愛されないと感じた時です。そして、父親に嫌悪感をいだいた時です。女性は誰でも父親から愛されたいと強く願っています。しかし、もし、その父親が薄情な人で自分をかわいがってくれず、しかも、父親のやることに不快を感じていると、娘は愛されない自分が惨めになり、また父親のことが嫌いになってきます。

しかし、幼い子どもにとっては自分の家しか自分の居場所がないので、もし自分が父親を嫌いになったら、いよいよ父親から嫌われて、家を追い出されるかもしれません。もし、素直に「お父さんなんか嫌いだ」と意思表示したら、父親から見捨てられてしまうかもしれません。幼児は、死を免れるために、無理にでも父親を好きになろうとするのです。

でも、嫌いなものを好きと置き換えるのは容易なことではありません。人間にとって好きと嫌いの感情はもっとも重要だからです。

そこで幼いながらも女の子は、自己暗示をかけるのです。

「父親を嫌いだというこの感情は間違いで、実は大好きなんだ」と無理に自分に言い聞かせるのです。必死で自分をだますのです。そうでもしなければ、家を追い出されて死ぬかもしれないからです。死ぬことを考えれば、自己欺瞞などどうということはありません。

たとえ父親が理不尽に殴りかかってきても、「今、自分が感じている嫌悪感はニセモノで、本当は自分はお父さんのことが大好きだ」と自分に言い聞かせるのです。その言い訳の理由として、「自分が悪い子だからお父さんは怒っているんだ。躾《しつけ》のためにお父さんは私を殴るんだ。愛情があるからこそ殴っているんだ」という論理（＝言い訳）を作るのです。お父さんをかばおうとするのです。「殴るほど愛情のあるお父さんが大好きだ」と自分に言い聞かせ、当人もその気になってしまうのです。自己欺瞞の極致です。

もともと女性は男性よりもたくさんの愛情を必要としますし、お父さんから愛されたいという強い願いを持っています。お父さんから嫌われているという事実を直視して惨めさを味わうくらいなら、自己暗示でも自己欺瞞でも何でもしてしまうのが人間というものです。特に女性はそうです。まして自分の命がかかっているのです。驚くべきは、三歳か四歳の女の子でもこれだけの計算をするということです。

では、そのような言い訳をした結果はどうなるのでしょうか。

家から追い出されずにすみますが、しかし、青春時代になって恋をする時に、十数年前のツケが回ってくるのです。今度は自分の感情にだまされるのです。

自分を理不尽に殴る男性を好きになってしまうのです。幼い頃、嫌いを好きと置き換えたツケが、間違った恋愛をしてしまう、という形で回ってくるのです。そして実際に恋人に殴られても、「自分を殴るほど愛しているんだ」と解釈してしまうのです。だから、殴られても屈辱だとは思いません。怒りもしません。見下されているとも思いません。もちろん愛されていないとも思いません。逆に、愛されていると思うのです。

殴られた瞬間にうれしさを感じてしまうのです。痛さという不快と、愛されてうれしいという快がイコールになっているのです。でも、不快と快がイコールなんてことはありません。どこかにウソがあるのです。

殴られる前に暴力男を見分ける女性

ＤＳＳのような自己欺瞞をしてしまうと、女性は、自分を殴る男性を見つけるカンが発達してしまいます。

外見だけでおいしいパンを見分けられる能力と同様、外見だけで「自分を愛さない男性」「将来自分を殴る男性」を見分けてしまいます。暴力をふるわれる前に、「この男性は、自分の父親と同じように、暴力をふるう人だ」ということを見抜いてしまうのです。驚くべき能力です。

実際、そのカンを使って、無数の男性の中から外見だけで「女性に暴力をふるってしまうような精神的に弱い男性」を見つけ、みずから近寄っていくのです。男運が悪いのではなく、ちゃんと見抜いて近寄っていくのです。見抜いたことを本人が意識できないだけです。

そして、ホントに殴られて、ますます好きだと思うのですから、呆《あき》れてしまいますが、当人は運命の人を見つけたと悦んでいるのです。

このように、女性のカンが裏目に出ると悲惨です。無意識とはいえ、悪い男を積極的に探してしまうからです。これでは幸福になれる道理はありません。もし、父親にたくさん愛された誇り高き女性の場合ならば、一回殴られただけで怒り狂って別れてしまいますが、DSSが発生している女性は、逆の行動、つまり不幸になることを一生懸命にしてしまうのです。人は自分で不幸を作って不幸になる、というのはこういう意味なのです。

二股かけられても怒らない女性

恋人に二股かけられても怒らない女性も同じです。また、ウソをつかれても怒らない女性も同じです。

実父から愛されず、軽くあしらわれながら育つと、「軽く見られることがホンモノの愛情だ」と自分に言い聞かせて生きてしまうために、恋人から二股かけられても、あるいは恋人からウソをつかれても、あまりおかしなこととは思わないのです。バカにされているとは思わないのです。だから、怒らないのです。

タップリと愛された女性なら「バカにしないでよ！」と一喝して恋は終了するところですが、父親に愛されなかった女性は、男性に哀願されると許してしまうのです。それが自分の愛情であり、思いやりだと思っているからです。許すことが寛大さであり、やさしさだと思ってしまうのです。

なぜ、このような間違った感覚が生じてしまうのでしょうか。

ホンモノの愛をもらっていないからです。つまり、ホンモノの愛情による大きな快感を経験していないからです。そのため、ＤＳＳと同様、ニセモノをホンモノと認知し、逆にホンモノをニセモノと認知して記憶してしまうのです。その結果、ニセモノを探し出してしまうという誤ったカンが発達してしまうのです。ニセモノを拾い上げる「網」を形成してしまうのです。

しかも、始末の悪いことに、そのカンはいつもニセモノばかりを拾い上げるわけではありません。「外見だけでおいしいパンを見分ける」ためのカンは当たるのです。しかし、「外見だけで自分を愛する男性を見分ける」ためのカンはハズレるのです。つまり、あるものは当たり、あるものはハズレるのです。自分の思考の網に、時々ホンモノが引っかかり、時々ニセモノが引っかかるのです。

もし、何から何までニセモノしか引っかかってこない網なら簡単です。全部を逆に解釈すればいいからです。自分が嫌いだと感じる人は好きな人ですし、まずそうに見えるパンはおいしいパンだからです。

しかし、現実はそう単純ではありません。嫌いだと感じる人の中に、嫌いな人と好きな人がいるのです。そして、好きだと感じる人の中には好きな人はいないのです。でも、そんな女性でも、外見だけでおいしいパンを見分けるカンはちゃんと持っているのです。自分のカンの全部がハズレではないために、ついつい「この人が好きだ」という自分の直感を信じてしまうのです。

このような状態ですから、ＤＳＳなど、ニセモノの快感をベースにしてネットワークを作ってしまった人は、基本的に自己不信になります。自分の直感や感情を信じようとしても、肝心な時にだまされるからです。自分のカンがハズレると、人は自分自身に裏切られたように感じます。だから自分を信じられなくなるのです。さらに自己卑下の感情まで発生します。自分なんて……と卑下するために、彼から二股かけられても怒りも湧かないし、また、ヘンだとも思わなくなるのです。「こんなダメな自分なんだから、二股かけられても当然だよなぁ」と、思ってしまうからです。

女性には父性愛が重要

こうして見てきますと、女性には父親からの愛情がきわめて重要であることがわかります。しかし、皮肉なことに、不足しがちなのもまた父性愛なのです。

なぜなら、女性は、母性愛に関しては、母親からのみならず、同性の友人や同性の先生など、いろんな人から調達できるのですが、父性愛に関しては、通常は実父からしか調達できません。実父がマザコンだったりすると絶望的です（詳しくは既刊の拙著をお読みください)。

恋愛において女性に父性愛が必要な理由がもう一つあります。

それは、父性愛をもらえないと、女性は、「素敵な男性がいたら応援してあげたい」と思わなくなることです。父性愛をタップリともらっている女性だけが男性を応援できるのです。この応援がなければ恋愛や結婚は成立しないことはすでに述べた通りです。

もちろん、男性なら誰でも応援したいわけではありません。父親と同じようにやさしくて愛情深くて、智恵も勇気もある男性を応援したくなるのです。誰を応援したいかということを決める最大のポイントは、父親と同等かそれ以上に自分を愛してくれる男性かどうか、ということです。父親から愛された量が基準値となるのです。

ですから、女性は、父親から愛されれば愛されるほど、愛情深い男性と結婚しようとします。つまり、「幸せな結婚をする」ということです。

このことは、男性側からすれば、最大のライバルが恋人の父親となります。父親がしっかり娘を愛していると、その娘を獲得するためには、父親と同等かそれ以上の愛や智恵や勇気が必要だからです。それがないと娘は自分に心を動かさないからです。実際、女性は、父親からもらった愛情と同じ気持ちよさを求めようとするのです。

なぜなら、女性は気持ちいいことに関してはは何度もそれを繰り返そうとする性質があるからです。そして、次の第五章で解説しますが、女性は与えられたものの中から自分の人生を作っていこうとするからです。

この性質があるために、女性は、子どもの頃にお父さんにベタベタした気持ちよさ、お父さんに甘えた気持ちよさ、お父さんにわがままを言って困らせた気持ちよさ、お父さんにだっこされた気持ちよさ……それと同じ量の気持ちよさを男性に求めるようになるのです。だから、父親からもらった愛情の量が恋人選びの際の判定基準となるのです。

その結果、女性は父親とよく似た人と結婚することになるのです。似ているのは顔や体型ではなく愛情のほうなのです。気持ちよさが似ている人を探すと、父親と似た人なのです。女性にとって父親とは永遠の恋人なのです。しかし、逆もまた真なりで、父親から愛されなかった女性は、同じように自分を愛さない男性に魅力を感じます。また、父親に智恵と勇気がなかった女性は、父親と同じように智恵と勇気のない男性と結婚してしまいます。

第五章　女性のカンを妨害するもの

その②小さい快しか与えられなかった場合

女性は与えられたものの中から選択しようとする

ギャンブル好きの男性は多いのに、ギャンブル好きの女性は少数派です。最近は女性のパチンコ狂も増えましたし、競馬場にもたくさんの女性が訪れるようになりました。しかし、まだまだギャンブルの世界は男性優位です。

釣りの世界もそうです。釣りも競馬と同様、当たりはずれが大きいのでギャンブル的な要素がとても強いスポーツです。女性を釣りに連れていって悦ばれるのは、小物でもいいからたくさん釣れた時です。でも、釣れないと真っ先に不平を言うのはたいてい女性です。その点、男性は根が狩人ですから、一度や二度まったく釣れない時があっても、またチャレンジしようとします。ギャンブル性が高いことに関しては、男性は意外と辛抱強いのです。この世のどこかにすばらしい悦びと感動の世界があるのではないか、という冒険心を男性は持っているからです。男性は女性よりも冒険が大好きなのです。未知なる世界を探検してみたい欲求が強いのです。

なぜ、このような差が生まれるのでしょうか。

それは、女性は安全確実を重視するからです。

なぜ女性は安全を重視するのでしょうか。

それは、男性と違って女性は汚染されやすいからです。これまで述べた通りです。試行錯誤して自分の悦びを探すのは、自分の世界を広げられるのでとてもいいことなのですが、しかし女性の場合は慎重にしないと危険が伴います。あれこれ試しているうちに、もし、うっかり悪いものに触れてしまうと、取り返しのつかないことになってしまうからです。

たとえば、悪い男（智恵も勇気もなく、怒りや不信を持っている男性）と知らずにセックスをしてしまうと、怒りや不信が女性の体に入ってきて、まるで入れ墨をしたかのようにとれなくなってしまうのです。

そのため女性は、自分の心と体を守るために、安全で確実なものの中から選ぶ、つまり、「過去において、自分に快感を与えた経験の中から選ぶ」という行動をするのです。

女性は、未知なる快感は、ギャンブル性が高くて危険、と判断しているのです。未知なる世界に踏み込んだら、そこで得られる悦びや感動は大きい可能性もありますが、でも、もしかしたらゼロかもしれません。いえ、マイナス、つまり、傷つけられるかもしれません。女性はそういう危険な臭いのすることを怖がるのです。そういう意味では女性は非常に保守的です。よく言えば模倣性が強いのです。つまり、知っている快感しか追い求めようとしないのです。

そのために、幼少期に受けた愛情が後に大きな影響を与えるのです。子どもの頃、多くの人からたくさん愛された女性は、いろんな種類の愛を経験しています。下心のある親切も下心のない親切も経験します。その都度、さまざまな大きさの快感を味わいます。その中から、自分がもっとも気持ちよく感じた「親切」を追い求めるのです。

見返りを期待しない無私の愛をもらった女性は、純度の高い愛を出す男性を探そうとします。しかし、幼少時に無私の愛や無償の愛を与えてもらえなかった女性は、「下心のない愛の世界」が未知なる世界となってしまって、純度の高い愛を出す男性を避けてしまいます。恐ろしいことです。

女性はお見合いをすると疲れる

女性はお見合いをすると独特の疲れ方をします。男性はお見合いをしても、さほど疲れることはありませんが、女性がお見合いをすると疲れるのです。

なぜなら、女性はお見合い中に相手を受け容れる作業をするからです。男性を判断する時、女性は相手を受け容れてみることから始めるのです。その結果、気持ちよかったらまた会いたいと思うのです。そうやって「試食」して自分の心がどう動くか見てみないと、自分に合う人かどうか女性は判断できないのです。

では、なぜ受け容れると疲れるのでしょうか。

それは、男性を受け容れてみて、気持ちいい愛が入ってくれば元気になりますが、怒りや嫉妬などマイナスのものが自分の心に入ってくると、心が沈んでしまうからです。女性とは、吸収する性なのです。いいものも吸収しやすい代わりに悪いものをも吸収しやすいのです。それが女性の本質です。

その点、男性は逆に、放出する性です。愛や親切を放出するのが男性です。夢と冒険の旅で得た悦びを女性に放出するのです。

男性にとって、お見合い相手がたとえ邪悪な女性であっても、男性は疲れることはありません。ガッカリはしても、それゆえに男性の心が汚れる、ということもありません。

男性は相手の女性が自分の応援団になってくれそうかどうかを見極めればそれでいいのです。自分の差し出した愛を気持ちいいと思って受け取ってくれるかどうか、自分を尊敬してくれるかどうか、自分の喜怒哀楽に共感してくれるかどうか、を見分ければいいのです。

しかし、女性の場合、お見合いのたびに相手の差し出すものを受け取り、自分の心に入れてみる必要があります。もし、怒りが入ってきたらそれを追い出す作業をしなくてはいけないのです。それが疲れる原因となるのです。

なお、女性は、キスやセックスをすると、相手の男性の心にあるものがどんどん入ってきます。話をしたら一、手を握ったら一〇、キスをしたら一〇〇、セックスしたら一〇〇〇という単位で、相手の愛または怒りが女性に入ってきます。手を握る程度ならいいのですが、それ以上のことをする時は、女性はよーく相手を見極めてからすることです。

女性は吸収する性だからです。

女性は感情を記憶するのが得意、ということは、換言すると、女性は過去を引きずりやすい、ということです。女性は、環境への適応力も高く、変わり身も早いのですが、しっかりと過去を引きずるのです。たとえば、過去、出会い系サイトなどで悪い男と悪いセックスをしていると、たとえいい男をつかまえて結婚しても、過去が襲ってきて苦しむことになります。つまり、日常の端々に不信や怒りが顔を出して、必要以上にケンカなどのトラブルが発生して、結婚生活がギクシャクしてくることがあるのです。

ただし、逆もまた真なりで、過去、タップリと愛された女性は、多少、苦境に立たされても、過去の愛が助けてくれます。苦難を乗り越える力になるのです。

なお、男性の場合は、変わり身は遅いですが、女性ほど過去を引きずることはありません。男性は女性ほど感情を記憶しないからです。男性は、変わるまでは時間がかかりますが、いったん変わり始めるとその変化は早いものです。しかも、男性は、論理や理性でものごとを考えますので、一冊の本が男性の人生観を変え、短期間のうちに生き方が変わることがあります。

その点、女性は、汚染された過去を一掃しようとしたら、過去の不快の思い出を快の思い出で塗り替えないといけません。一つの悪い思い出を塗り替えるには、一〇個から一〇個の快の体験が必要です。根気の要る作業です。膨大な時間もかかります。女性は、不快の感情もしっかりと記憶するからです。もし、援助交際など、悪い男とつきあっていたとしたら、少なくともその時間分だけリセットするのに時間がかかります。通常、その一〇倍以上の時間がかかります。

だから、女性は、心が汚染されるような行為は極力慎まないといけないのです。いつか必ず昔のツケが回ってくるからです。心と体に悪いことをしたら（心が怒りで汚染されるようなことをしたら)、その分だけ、そっくり心と体にいいことをしないとリセットできないのです。女性を変えるのは、真に気持ちいい体験です。理性による理解だけでは足りないのが女性というものです。女性は、心が汚染されると、後始末がたいへんなのです。慎重のうえにも慎重に行動しなければいけません。

実家での「成功体験」が女性のよりどころ

さて、映画やテレビを見て、あのようなすばらしい恋愛をしてみたいと思い描いても、子どもの頃に、大きな悦びを経験していない女性は、目の前に愛情深い人がいても避けてしまいます。ひどい場合はその人を軽蔑さえしてしまいます。それだけ女性は異質な世界を排除する傾向が強いのです。自分の感情に自信を持っている女性だからこそ、その特性が裏目に出るとこうなるのです。

経験がないことを排除してしまうのです。「異質な愛(経験したことのない愛)＝危険(または、ろくでもない愛)」と女性は判断してしまうからです。そして、「実家にただよっていた愛(または人間関係)＝安全確実＝よい愛」と判断し、実家と同質の愛を求めてしまうのです。

当の女性は賢い選択をしたつもりでいますが、自分のことを本気で愛してくれなかった父親を持った女性は、同じように自分のことを真剣に愛そうとしない男性を選んでしまうのです。ただ単に同質だというだけの理由でです。

さらに、せっかく父親よりもずっとずっと大きな愛を持っている男性と出会っても、ダサイとかうさん臭いとか平凡などと言って避けてしまうのです。はじめから恋人の候補者リストにも載せない徹底ぶりです。これではいくら恋をしても、実家の不幸の再現でしかありません。父親と自分の関係と同じ関係を恋人との間に作ってしまうのです。

こうして、女性は、両親と同じ夫婦関係を作ってしまうのです。

なぜ、女性はかくも実家を再現したくなるのでしょうか。

それは、「成功体験」のせいです。つまり、実家で自分が死なずにここまで生き残ってこられた、という「成功体験」のせいです。その成功体験が実家のやり方を再現させる原動力となるのです。自分の命を守ることができた、という成功体験は、安全性を重視する女性にとってとても魅力的なのです。

女性は実家のあり方を模倣してしまうのです。

実家のやり方が本当に理にかなっているか、本当に効率的かということは、ほとんど考えません。クルマのドアを強く閉めてしまう行動と同じ理屈です。

女性はあまり現実を見ないのです。実家で生き残れた、という「成功体験の快」という感情で行動の意思決定をしてしまうからです。そのため、実家が嫌いだと言う女性ですら、知らず知らずのうちに実家のやり方を真似てしまうのです。

幸福に背を向けてしまう女性

女性は与えられた快感の中から選択する傾向が強いと述べましたが、女性は、幼少の頃から、自分の家族が世の中の標準だと思ってしまう傾向が強いのです。カモの刷り込みのように、人生の初期に入力された情報に大きな影響を受けるのです。そして、異質なものを怖がる女性は、親から愛された質と量と同じものを求めるようにカンを発達させてしまうのです。

外見だけでおいしいパンを見分けるカンと同じメカニズムです。人は、おいしくないパンばかりをずっと与えられ続けると、それが最高の味だと思い込んでしまいます。すると、おいしくないパンを見つけるカンが発達してしまうのです。一度そうしたカンが形成されてしまうと、その後おいしいパンに出会っても、異質なものとして認知されるので避けてしまうのです。

同様に、見返りを期待された愛しか知らない女性も、下心のある愛を求めるカンが発達してしまいます。生まれた時からニセモノの愛ばかりを与えられ続けると、それをホンモノの愛と認知するようになってしまって、やがて下心ミエミエの愛を見つけるカンが発達してしまうのです。

ニセモノを手に入れて、それで満足した気分になるのです。もちろん、ニセモノなので心は満たされていません。満たされるはずなのに満たされないので、なんかヘンと思いつつも、まさか自分が手に入れているものがニセモノだなんて夢にも思いません。ズレていることに気がつくまで、同じ失敗を繰り返してしまいます。

その結果、再現フィルムのように実家の不幸を再現してしまうのです。女性は、実家で与えられたものを基に人生を展開しようとしますので、粗末な愛しか与えられないと、粗末な愛を与え合う夫婦関係を作ってしまいます。

たとえば、親に依存され、ホンモノの愛をもらえなかった人は、同じように自分に執着する男性と結婚し、「やっぱり世の中にはピュアな愛なんてなかった」「親と同じように、自分に依存してくる人ばかりだ」と確信を強めるのです。

ホンモノの愛にあこがれながらも、現実世界ではホンモノの愛を避けてニセモノをつかんでしまうため、映画やテレビで夫婦が和気藹々《あいあい》と仲良くしているシーンを見ると、あんなのは虚構の世界であって、現実ではないと否定してしまうのです。いえ、否定したくなるのです。そんなことはあってはならないからです。認めてしまったら自分のすべてを否定しなければならなくなるからです。

たとえ目の前で仲のいい夫婦を見たとしても認めようとしません。「ふん、そんな夫婦なんているわけないさ。他人がいないところでは、実家の両親のように、いがみ合っているに違いない」と疑ってかかるのです。そういう夫婦を見下し、排除してしまいます。

そういう仲のいい夫婦からしか無償の愛をもらうことができないのに、避けてしまうのですから、ますます無償の愛から遠ざかることになります。自分の幸福に背を向けてしまうのです。

同様に、恋人からやさしくされることを望んでも、親からやさしくされた経験がないと、やさしくされることを怖がります。やさしくされると、どう振る舞っていいのかわからず、不安にさえなるのです。困ったことにそういう人は、自分を愛してくれない人や自分を邪険に扱う人といるほうが安心なのです。自分が慣れ親しんだタイプの人だからです。未知なるゆえの不安がないからです。恐ろしいことですが、こういうことは現実には非常に多いのです。

女性は社会のみんなから愛される必要がある

こういう事情があるために、女性は、社会のみんなからやさしく親切にされる必要があるのです。

なぜなら、見返りを期待しない純粋な愛をたくさん与えられた女性の場合は、自分の未来において必ずそれを再現しようとするからです。向上心というのは、より気持ちいい愛を求める心のことです。無私の愛がもっとも気持ちいい愛だと認識した女性は、その気持ちよさを求めて一生懸命努力するのです。カンもそれを求めやすいように発達します。

過去においてもっとも気持ちいいと思ったことを再現しようとすると、無私の愛を再現することになるからです。実家の両親夫婦の仲が良く、楽しい子ども時代をおくった女性は、カンを働かせて、楽しい家庭を作ります。両親からの愛よりも大きな愛をもらった女性なら、両親よりもいい家庭を作ります。

そういう意味では、親からの愛だけがすべてではありません。しかし、人生の初期に無私の愛で愛される必要があるのです。

第六章　女性のカンを妨害するもの

その③自己受容できない場合

カンが働くためのもう一つの条件――自己受容

女性は、かわいいものが大好きです。女性に好まれる動物のナンバーワンがうさぎです。あのふっくらした体、大きな目、ぎこちなくておっとりとした動き、抱きかかえるのにちょうどいい大きさ、そして、さわり心地のよさ……かわいらしさ最高です。

女性がこうしたかわいいもの（動物やぬいぐるみや小物など）を求めるのは、気持ちいいから、という理由のほかにもう一つの重大な理由があります。

それは、自己受容です。これがないとカンが働かないのです。

人は誰でも、自分自身を受け容れたいと思っています。自分で自分をダメだダメだと卑下してしまうことは辛いことだからです。ダメな自分とか情けない自分、惨めな自分を受け容れることはできません。女性に限らず、人が自分自身を受け容れられるのは、「うれしい自分」「楽しい自分」「気持ちいい自分」に限ります。悲しい自分や苦しい自分を受け容れることはできません。

人と共感することを楽しむためには、自己受容できていることが大原則です。なぜなら、相手の感情に共感したり、自分の感情を相手にさらけ出すためには、相手を受け容れていることが前提となりますが、相手を受け容れるためには、まず自分自身を受け容れることが必須だからです。つまり、自己受容できない人は、他人をも受容できない、ということです。

さて、女性は気持ちいいことが大好きだとこれまで解説しましたが、うさぎのように、スキンシップもできて、なおかつ見た目もかわいい動物は、女性の快感を満たします。つまり、うさぎをだっこすることで楽しい気分になれるのです。また女性は、かわいい小物を集めるのも好きです。ネックレスや指輪などのアクセサリー、携帯電話のストラップ、サイフ、ハンドバッグ、手鏡、ハンカチ、ヘアーバンド、リボンなど、きれいなもの、かわいいものが大好きです。自分の部屋も、女性はかわいいカーテンやかわいい壁紙、かわいいベッドにしたがります。

その点、男性は、女性と比較すると、デザインや形よりも機能重視です。対照的です。女性は、自分の気に入った、きれいでかわいいものに囲まれたい、という願望が非常に強いのです。

その最大の理由こそ、自己受容のためなのです。かわいいもの、気持ちいいものに囲まれている自分だからこそ、そんな自分を受け容れられるのです。

女性にとってきれいな指輪やネックレスをつけることもきわめて重要な意味があるのです。

なぜ女性に自己受容が大切なのか

どうして、女性にとって自己受容が重要なのでしょうか。また、なぜ、女性はかわいいものにこだわるのでしょうか。

女性は、かわいいものと自分を同一視しようとする傾向が強いからです。女性の特徴は、和合と一体化です。女性は、自分が気に入ったかわいいものに自分を一体化させ、それと自分とを同一視して悦ぶという、悦びの世界を持っているのです。

かわいいもの=自分と一体=うれしい、と悦べる世界です。男性にはこういう発想はありません。女性はかわいいものを所有したり、きれいなものを身につけることで、それと自分とを同一視し、かわいいものと自分とをドッキングさせることでより強く自己受容しようとするのです。

たとえば、かわいい下着にこだわる女性は少なくありません。必ずしも、彼に見てもらいたくてかわいい下着をつけるわけではありません。自分を色っぽく見せたいわけでもありません。本来、下着は、誰かに見せるためのものではないからです。

それなのになぜ多くの女性は、下着の色やデザインにこだわるのでしょうか。

その最大の理由こそ、この同一視なのです。

レースがついているかわいい下着をつけている自分がうれしいのです。かわいい下着と自分とを同一視しているのです。まして下着は、自分自身にもっとも密着しているものです。自分（自我）の延長でもあります。

極端に言えば、かわいい下着をつけたことで、自分がかわいくなったと思うのです。誰に見せるわけでもない下着ですが、女性は下着と同一視することで自分をかわいいと思うのです。自分がかわいいと認定した下着を身につけると、自分もまたかわいくなったと思うのです。女性は美しいもの、かわいいもの、きれいなものを求め、それと一体となる悦びの世界を持っているのです。

かわいい洋服を身につけた時も同じです。自分が美人になったわけではないのに（洋服によってはビックリするほど魅力的に見えることはありますが）、自分が「これはかわいい洋服だ」と感じる服を着ることで、女性は自分がきれいになったと思い込めるのです。洋服と自分とを同一視しているからです。

自己欺瞞や自己暗示をかけているようにも見えますが、そうではありません。カン違いでもありません。錯覚とも違います。女性は和合する力がとても強いのです。かわいいものと自分とを一体化させてしまうために、ほんとうにかわいく思えるのです。うぬぼれとも違います。女性独特の世界です。

この一体化の世界は、女性にはとても重要です。

なぜなら、自分で自分を「かわいい」と思えることは、人と和合する時に必須だからです。

実は、女性独特のカンを発達させるには、人と和合する悦びを体験する必要があるのです。人と一体となる悦びを得たことのない女性は、程度の低い悦びしか引っかからない「網」を作ってしまうからです。

自己受容している女性は、男性に魅力的に映る

アクセサリーや洋服など、人に見られるものはもちろんのこと、下着など、人には見えないところまでもかわいいもので埋め尽くして、「悦んでいる自分」を作っているのが女性ですが、このことは、女性の男性に対する魅力を一〇倍も一〇〇倍も高めます。

なぜ、自己受容が魅力を高めるのでしょうか。

それは、女性の魅力の本質が「受容の魅力」だからです。男性は、女性から自分を受け容れてもらえると悦ぶ動物です。

女性の「人を肯定する力」はとても強いのです。何しろ、女性は自分が気に入ったものと一体化し、自分と同一視してしまうからです。しかも女性は、受容したり一体化したり同一視したりすることがうれしいのです。

女性は、このうれしさを使って、男性がふだんからコンプレックスに思っていることでも何でも肯定してしまうのです。男性にとっては最高の励ましです。全部を受容してくれる女性に男性が魅力を感じて当然です。

たとえば、ある男性は自分がハゲ、チビ、デブで、そのことを悩んでいたとします。でも、その男性が恋人から自分のすべてを肯定してもらったら、男性はものすごくうれしくなるのです。天にも昇るようなうれしさです。怖いものなし、という気分になります。

男性は一人の女性から受容され、応援されると、全宇宙を味方につけたような気分になるのです。勇気百倍です。こういう状態だと男性はいい仕事ができるのです。いい仕事をすることで男性は自分に自信が持てますので、ますます女性（自分を受容し、応援してくれた女性）を愛することができるようになります。男性に愛された女性はますます男性と一体となり、ますます応援するようになります。ポジティブフィードバックです。こうして男女は互いにかけがえのない人になっていくのです。

基本的に女性は、自分に安心や気持ちよさを与えてくれる人、つまり自分を本当に愛してくれる人なら、その人のすべてを肯定しようとします。ハゲだろうがチビだろうが、自分をしっかり愛してくれる人なら無条件に肯定しようとします。相手の男性のすべてを受け容れるのです。男性と一体化し、自分と同一視して肯定しようとするのです。地上で最強の励ましです。

だから男性は全宇宙を味方につけたような気分になれるのです。だからこそ、女性の受容能力は、男性にとってはものすごい魅力なのです。自分でも嫌悪している欠点があってもそれを女性に肯定してもらったら、男性は、ほうれん草を食べたポパイのように仕事をがんばってしまいます。

どんな美人でも自己受容できない女性は男性を不幸にする

しかし、自己受容のできない女性ですと、相手の男性をも受け容れることができません。見下したり、突っぱねたりしてしまいます。「なに一人でニヤニヤしてんの！　気持ち悪い」とか、「自慢話するんじゃないわよ。私だって〇〇なんだからね」という態度になります。これが否定的態度です。

実は、男性は、女性にこのように否定されると非常に傷つきます。男性が女性に否定されるショックというものがいかほどのものか、女性にはわからないと思います。男性は、恋人や妻から否定されたり、軽蔑されると、死ぬほど傷つくものなのです。

女性が不機嫌になっただけでも男性は自信を失い、そして傷つくものです。男性とは、女性に悦んでもらいたいと願う動物だからです。女性が悦ばないと、自分が責められているように感じます。また、自分がダメな男に見えてくるのです。男性としての自信も失います。中には、自信を失ったイライラが高じて、女性に暴力をふるう人もいます。

逆に、女性が男性を受容すると、男性にとっては「自分は応援されている」と映ります。男性は自分の愛する女性から応援されたら、勇気百倍です。自信も持ちます。たとえ仕事で失敗してもチャレンジし続けます。男性は女性からの応援が大好きなのです。「あなた素敵よ！」という声援です。その応援の象徴的行為が、男性の喜怒哀楽に対する共感なのです。

その共感という受容をするためには、女性自身が自分を受け容れていなければならないのです。つまり、ああ、自分はかわいいなぁ、捨てたもんじゃないなぁ、と自己受容している女性だけが男性の応援団になれるのです。「この女性は自分の応援団になってくれそう！」という予感のする女性に男性は惹かれるのです。その予感が強烈な魅力になるからです。真面目で誠実な男性ほど、女性からの応援を期待します。

どんなに美人でも、応援団としての機能がなければ、恋愛や結婚はうまくいきません。何しろ、恋愛関係というのは、女性からの男性への応援が不可欠だからです。いえ、不可欠と言うよりも、これがないと、恋愛や結婚が成り立たないと言ってもいいほどです。結婚や恋愛がマンネリ化するのは、男性の側に智恵と勇気と思いやりがない場合か、または、女性の側に共感や一体化という応援がない場合です。どんなにナイスバディでも、どんなに美人でも、男性を応援できない女性は、自分の恋愛や結婚を発展させることはできません。

また、第四章でお話ししましたように、父性愛をもらっていない場合も、女性は男性を応援することはできません。お父さんから愛されていないと、「誰が男を応援なんかしてやるもんか！」という気持ちになってしまうのです。逆に、男性をバカにしてヘコましてやりたくなるのです。見下してはザマーミロと言いたくなる女性になってしまうのです。

女性は自分の女性性を受け容れることはむずかしい

女性は、思春期以降、体が急速に女性的になりますし、また、月経という現象も始まるために、自分が女性である、ということを疑うことはありません。しかし、女性性という、いわば女らしさということに関しては、容易には受け容れられません。父親から父性愛をタップリともらっている女性はすんなり自分の女性性を受け容れられますが、父性愛欠如の状態で育った女性は、自分の女性性を受け容れることは容易ではありません。

一方、男性の場合は逆で、自分の男性性は受容できても、自分が男性であることに自信が持てないのです。男性は、自分が何か大きな仕事をしてそれが社会的に認められないと、男性としての自分に自信や誇りを持つことがむずかしいのです。ただし、この場合の自信と誇りは、いい大学を出て一流企業に勤めて出世したからと言って得られるものではありません。仕事を楽しみ、仕事に誇りを持ちながら、誠心誠意仕事をした果てに得られる自信と誇りです。

さて、先ほど、女性は、自分を受容できないと相手に共感することができないので、男性を応援することは不可能である、と申し上げましたが、実は女性の場合の自己受容とは、女性性の受容がメインなのです。つまり、「ああ、自分は女性であってよかったなぁ」「女性に生まれてきてよかったなぁ」という体験をすることです。

極端に言えば「女のほうが男よりもオトクだな」と思える体験です。女性は、みんなから愛されて気持ちいいなぁと思えると、自然に自分の女性性を受け容れることができます。

特に父親から愛されることが重要です。男性である父親からかわいがられると、ああ、女性に生まれてきてよかったなぁ、と思えるからです。その時は、ただ単純にうれしがっているだけですが、つまり、自分の性を意識して悦んでいるわけではありませんが、無意識のうちに自分の女性性を受け容れているのです。

たとえば、かわいい洋服を着ている時、お父さんが、「おっ！　かわいいね」と言ったら娘はうれしくなります。自分が気に入っている洋服を着ている時、男性である父親にほめてもらえると、ああ自分はお父さんの子でよかったなぁ、と思えます。自分が女性であることを意識しなくても、「女性に生まれてきてよかったなぁ」と自然に思えるのです。そう思えると、自然に女性は自分の女性性を受け容れられるようになるのです。女性は父親に愛されてこそ、ああ自分は女に生まれてきてよかったなぁと自分を受け容れられるようになるのです。

自己受容できる女性は、恋愛してもうまくいきます。父親からかわいがられた女性は、「素敵な人がいたら、応援したい」と思っているからです。実際、男性を応援するので恋愛や結婚が発展していくのです。色あせることなく、年々楽しくなっていきます。

女性は空想の世界でも遊べる

事実をあまり重視しない女性は、男性よりも容易に空想の世界を楽しむことができます。絵空事の世界と言うと、ちょっと言いすぎかもしれませんが、女性は、空想の世界で遊ぶことができるのです。この空想の世界で遊ぶということも、女性が自己受容するうえで大事なことです。空想の世界を楽しんでうっとりしている自分を自己受容できるからです。

事実を重視し、事実を優先的に記憶する男性にはできない、女性だけの遊びの世界です。特に空想が得意な女性は、まるで映画を見るように、頭の中で映像を作れるのです。頭の中で役者を作り、ストーリーを作るのです。役者は実在の人物であることもあれば、映画のスターである場合もあれば、まったくの想像上の人物である場合もあります。必要に応じてさまざまな人物を登場させるのです。そして、それら登場人物を思いのままに動かして物語を作ってしまうのです。トム・クルーズやレオナルド・ディカプリオを相手にデートしたり、アーノルド・シュワルツェネッガーをボディーガードに雇ったりするのです。度が過ぎると、どこまでが空想でどこからが現実か境がわからなくなることがあります。何しろ、空想の世界にハマってしまうと、暇さえあれば物語を作ります。そして、自分で作った物語なのに、それを見ては泣いたり笑ったりしているのです。男性には信じられない光景です。

空想しすぎると、男性は何も悪いことをしていないのに、彼女の空想の中で悪者になっていたりすることがあります。空想は、悪い方向に走り出すと妄想になります。しかし、逆に女性の明るい空想は男性に希望を与えます。働く意欲も与えます。女性の空想は、男性には非現実的に見えますが、実は結構現実に基づいて作ります。だからこそ、どこまでが空想でどこからが現実なのか、境がわからなくなったりするのです。

女性は過去の喜怒哀楽を正確に思い出しながらストーリーを展開するので、その空想には迫力があります。だからこそ、女性の空想が男性に夢と希望を与えるのです。

女性は、たとえば、白い壁の家があって、小さな庭があって、そこで花を植えて、猫を飼って……と、まるで映像を見ているようにうっとりと空想（希望）を語るのです。

女性は過去の現実世界から得た快感をつなぎ合わせて、自分にとっての理想郷を夢見るのです。そんな夢を見ている自分が素敵だなぁ、と自己受容できるのです。女性の楽園志向は、過去に体験した快の思い出が基になっているので、まったくの絵空事ではありません。それだからこそ夢を見る自分を受容できるのです。

ただ、男性が理解しがたいのは、女性は脚色することです。そのため男性には女性の語る夢が非現実的に見えます。しかし、女性は過去の経験からくる快感という現実を基に映像を作っておりますので、本人はいたって真面目です。

女性の空想は悪いことではありません。自己受容のための大切な作業ですし、また、単純作業になりがちな毎日の家事や育児を空想が癒してくれるからです。楽しい空想の世界が女性に与えられているからこそ、たいくつしないで家事や育児ができるのです。そしてまた、こうした空想豊かな発想が男性に夢を与え、女性のいだく夢が男性の働く意欲を喚起するのです。ものごとは何でも、夢があるからこそ実現します。諦めてしまったら実現するものも実現しなくなります。実現する前は何でも夢物語です。夢を大事にしないと、人は幸せを創造することはできません。男性にとって女性は希望そのものなのです。

女性としての誇りは、カンの正解率を高める

「誇りを持つ」ということはとても大事なことです。誇りは命よりも大事だと言ってもいいほどです。

誇り高く生きている女性は、誇り高く生きている男性と惹《ひ》かれ合います。誇り高い男性とは、女性を真に愛せる男性です。智恵と勇気のある男性です。

では、女性が誇りを持てるようになるためには、何が重要なのでしょうか。

それは、女性であることを楽しむことです。人間である前に、私たちは男性であり、女性です。女性であることを楽しめない人は、人間としての人生も楽しむことはできません。自分の人生を楽しめなければ、誇りを持つことは不可能です。

ただし、ただ単に耐えるだけでは、誇りを持つことはできません。人は自分が本当にやりたいことをやってこそ大いなる悦びが得られ、かつ、誇りを持つことができるのです。しなくていい苦労や、理不尽な我慢をいくらしても、未来は拓けてきません。楽しく生きることが重要なのです。

では、女性であることを楽しむとはどういうことでしょうか。

それは、基本は「女性に生まれてきてよかったなぁ」と思える体験をすることです。

しかし、誇りを持つためには、一つだけ条件があります。その条件とは、どちらにしようかと、行動の意思決定を迷った時、それをして誇りが持てるほうを選択する、ということです。

つまり、誇りを持てることだけをする、ということです。単純なことです。

本来、誇りを持てることというのは、悦び多きことです。誇りが持てるほうを選択するというのは、悦び多きほうを選択する、ということとイコールです。

ただし、さきほどお話ししましたようにここで言う誇りとは、人に自慢することではありません。自分自身に向かって誇れることをする、という意味です。人の目をごまかすことは容易ですが、自分自身にウソをつくことは不可能です。自分に言い訳というウソをついていると、決して誇りを持つことはできません。

自分の心を真に悦ばせる生き方をすると、誇りが持てるのです。自分に誇れる誇りを持てた人は、人に対する思いやりがおのずと出てきます。自分の悦びを大切にする人は、人の悦びをも大切にしようとするからです。それが気遣いであり、やさしさであり、愛というものです。

自己保身のための気遣いは愛ではありません。見返りや下心のある気遣いは、相手の悦びを尊重する行為ではないからです。保身のために相手を気遣っても自己尊重することさえできません。人の悦びを尊重する、というのは、自己尊重できる人だけができることです。

要するに、赤ちゃんを見て、ベロベロバーと悦ばそうとすることです。捨て猫を見て、なでなでしてあげることです。ベロベロバーをしている自分もうれしいですし、また、悦ばされている赤ちゃんもうれしくなります。犬にエサをあげるのは、何か見返りを期待してのことではありません。ただ相手に悦んでもらいたいという心だけです。それが無私の愛（無償の愛）です。無償の愛でもって、相手の悦びを応援すると、必ず、互いにうれしくなる関係になります。なでられた猫もうれしいし、なでている人間もうれしいという関係です。そういう関係から生まれる悦びが人に幸せを感じさせるのです。

愛とは本来気持ちがいいものです。人間は気持ちいいものを得ることを究極の目的として生きています。結婚や就職も、みな悦びや感動を得るための手段です。見返りを期待しない無償の愛で愛した時ほど、気持ちはいいものです。だから人は人を愛さずにいられないのです。

愛とは、悦びの応援です。悦びの応援をしてもらった人はうれしくなりますし、同時に、応援する側もうれしくなります。誇りとはそうやって手に入れるものです。「人の幸せを願い、人の不幸を悲しむ」ことこそ人間本来の姿です。特に女性は人を愛することで誇りを手に入れます。人を愛するという行為の果てに誇りが持てるようになるのです。

誇りが持てるようになると、人は自然に人の幸せを願うようになります。人の幸せを応援できる人こそ、「大人」と言える人です。そしてそれができる女性こそ、女性としても人間としても誇りが持てるのです。

いつも楽しいことを考えると、カンが当たるようになる

女性は、快の感情をしっかりと正確に、記憶にとどめるとお話ししました。そして、連想ゲーム的な思考をすることもお話ししました。

愛されて気持ちいい体験をたくさんしている女性は、過去の気持ちいい「快」の感情を正確に思い出しては、何度でもそれを反芻《はんすう》して楽しめるのです。いいえ、連想しなくても、楽しいことがひとりでに頭に浮かんできます。だから、いつも元気です。快感は元気ややる気のエネルギー源だからです。そして、いつも楽しいことを考えています。人の悪口で盛り上がっている暇はありません。更なる悦びと感動を求めていつも奔走します。女性は楽しいこと、気持ちいいことがもともと大好きですので、いっそう拍車がかかるのです。

その点、逆に不快な体験ばかりしている女性は、いつも不愉快な思い出が浮かんできて鬱的状態になります。こうなると人の悪口で盛り上がりたくなります。やる気も元気もなくなります。

こういう事情があるために、人はうんと不幸かうんと幸福かのいずれかでしかないのです。年々、その格差は大きくなります。なぜなら、幸福な人はますます楽しいことを考えるので、ますます楽しいことを実行するようになりますが、不幸な人はますます陰険なことを考え、ますます不幸になることをしてしまうからです。そして、幸福な人はますます人の幸福を願うようになるので、ますます人からも幸福を願われ、つまり、励まされて幸福になります。カンもますます幸福が引っかかってくる「網」になっていきます。

一方、不幸な人は、ますます人の幸福を妬《ねた》んで、人からも不幸を願われてしまいます。また、「網」にも、ますます不幸が引っかかってくるようになります。特に女性がこうなります。カンを多用するのが女性だからです。そのため女性の人生は乗るか反《そ》るか、つまり、うんと幸福か、うんと不幸かのいずれかになりがちなのです。

共感できる女性はカンが冴える

女性の悦びの基本が共感であり、その共感のために自己受容が大切であることはすでに述べた通りです。共感能力が大事である理由がもう一つあります。

それは、この共感能力があれば、女性はどんな些細なことからでも、大きな悦びを得ることができる、ということです。女性が男性に比べてよく笑うのはそのためです。そして、女性の笑顔こそ、男性にとって、安心であり、自分の居場所の確認であり、働く意欲の原点なのです。女性の笑顔が男性を幸福にするのです。

自己受容できる女性であれば、日常生活のさまざまな場面で、夫や子どもと、共感することができます。食事がおいしいと言っては共感し、子どもと一緒に遊んでは楽しいね、と共感し、夫の仕事がうまくいったということで共感し、悲しいことがあった時は一緒に泣き……そうした日常生活の何げない一コマ一コマに人は幸せを感じるのです。

幸せというのは、何か大きな出来事から得られる感覚ではなく、日頃の些細な出来事の積み重ねの果てに感じる感覚です。家を建てたとか、夫が出世したとか、子どもが大学に合格したとか、宝くじが当たって大金持ちになったとかいうような大げさなことではなく、日々の細かい出来事、つまり、おいしいね、という悦びの共感の中にあるのです。

夫や子どもと心の絆を感じ、笑いながら食事をおいしくいただき、たまの日曜日には家族一丸となってレジャーを楽しむ、そんな、どこにでもあるような家族のあり方にこそ、幸せを感じる原点があるのです。

自己受容できる女性であれば、こうした家庭を作ることは容易です。女性は、あらゆるものと和合する才能があるからです。共感という行動を通して一体化してしまうのです。これができれば、たとえ海外旅行にいけなくても、近くの公園で楽しく遊べれば充分人生を堪能できるのです。お金がないと楽しくない、というのは間違いです。そういう人は、お金があっても面白くない人です。

たとえば旅行です。どんなに遠くの国へ出かけようと、どんなに豪華なホテルに泊まろうと、夫婦に共感し合う関係がなければ、たいくつな旅になってしまいます。一〇〇万円かけても、一〇〇円か一万円の価値しかありません。しかし、夫婦間に共感があれば、一万円の旅行が一〇〇万円の旅になるのです。

賢明な読者ならもうおわかりだと思いますが、人間にとっての幸せとは、男が男であり、女が女でないと得られません。自分らしくあればそれで充分です。自分らしく生き生きと生きることで、男女双方が相補的に協力し合えるのです。

女性は幼児期に愛されることが大事

こうして見てきますと、女性は、特に人生の初期から、一四、五歳までにどのくらい愛されたか、ということが重要であることがわかります。幼い頃に充分愛されていないと、女性は、「自分が女性であることが恨めしい」と思うようになるからです。女はソンだと思うのです。

なぜなら、男性の場合、自分の努力で何とか自分の人生を切り開いていけますが、女性の場合は、「愛される」ことから人生が展開していくからです。女性は、自分の努力だけでは解決できないはがゆさがあるのです。そのために、女性だけが、女に生まれてきたことを恨めしく感じるのです（男性は自分が男に生まれたことを恨めしく思うことはありません）。こういう事情のために、女性は自分の女性性を受け容れることがむずかしくなるのです。

その点、幼児期にタップリと愛された女性は、容易に女性性を受容でき、かつ、女性であることを楽しめます。女性に生まれたことを恨めしく思うこともありません。むしろ、女性に生まれてきたことを誇りに思いますし、女はトクだとも思います。

しかし、逆に大人たちから愛されなかった女性は、女はソンだ、と自分の女性性に不満を持つようになります。自分の性に不満を持っている女性は、ますます自分の女性性を楽しめなくなりますので、ますます女性性を受け容れられなくなります。自分の女性性を忌まわしいものと考えるようになります。男性が敵に思えてきます。男性をも受け容れられなくなるのです。

人は基本的に、してもらったことしかできません。人を愛するためには、まず、人から愛されないといけません。人と共感するには、まず、人から共感してもらう必要があるのです。人を受容するには人から受容されないといけないのです。

こうして見てみると、女性の幸福は、「人生の初期に作られる」という要素が非常に大きいことがわかります。

あとがき

日本の神様は、人間がいいことをするとありがたいお恵みを与えてくれますが、悪いことをすると災いや罰を与える、と考えられています。女性というのは、そういう意味では、神に近い存在なのではないか、と思います。

社会のみんなが女性を愛すると、女性は神々しくなりますが、しかし、社会のみんながイライラをぶつけ、拒否的に扱うと女性は魔性の女と化し、家庭を破壊し、社会を崩壊させ、やがては国家をも滅ぼす恐ろしい存在になるからです。

日頃から女性の言動を見ていて感じるのは、私たち社会人、特に男性は、女性を性の対象として見るのではなく、神を愛するが如く、性を超えて愛することが大事なのではないかということです。女性は、下心のないピュアな愛で愛されれば愛されるほど、神のように神々しくなるからです。

女性は、愛されることで女性性が開花し、そして、男性から愛されることで男性性をも獲得して、「女性性＋男性性＝性を超えた存在（母性）＝神」になるような気がします。

女性は、自分の快感ばかりを求めているように見えますが、しかし、女性の悦ぶ内容というのは、自然や地球が悦ぶこととよく似ています。男性から女性を見ると神秘的に見えるのは、その体内に神を宿しているからかもしれません。

しかし、その女性を神にするのはあくまでも男性です。男性が起点です。夫が妻を愛すると、妻は娘を愛します。夫もまた娘を愛します。その結果娘は、身の周りの多くの老若男女からも愛されやすくなります。実際愛されて神々しくなります。神々しくなった娘から応援された若い男性は、ますます女性を愛せるようになります。一生懸命に仕事をするようになります。夫婦の円満こそ会社や社会の発展の基礎となるものです。いえ、国家の存続の基盤です。

私たちの文明が発展していくかどうかは、男性がいかに女性を愛せるかにかかっています。しかし男性は、自分に自信と誇りを持っていないと女性を愛することはできません。仕事を楽しみ、自分の仕事に誇りを持っている男性しか女性を愛することはできないのです。女性を愛するため、そして自信と誇りが持てるようになるために、男性は修行（英雄体験）をして智恵と勇気を獲得するのです。智恵と勇気を使って仕事をすることで誇りが持てるようになるからです。

さて、その男性ですが、たとえば船の遭難など、緊急事態が発生した時は、世界的に女性と子どもを優先に避難させることが不文律となっています。男性は後回しです。男性の命は軽く見られているのです。重い荷物を持つのもまた男性です。女性を守るのも男性です。まるで男性は女性に仕える奴隷のようですが、でもそれが男性の宿命のようです。

しかし、人が人を愛することは大いなる悦びです。愛されることも気持ちいいものですが、愛するほうはもっと気持ちがいいのです。奴隷のような存在の男性に与えられた特権こそ、「女性を愛する悦び」であるような気がいたします。

最後に本書を世に出す機会を与えてくださった講談社の津田千鶴さんに感謝の意を表します。

また、私のよきディスカッション相手である妻マリに感謝の意を表します。

著者

追記

最近、読者からのお手紙を多数いただきます。「読んで人生観が変わった」「生きるのが楽しくなった」というお便りをいただきますと、原稿締め切りに追われて、土日はおろか、盆、正月も返上して執筆したかいがあったなぁ、としみじみうれしくなります。読者の幸せが私にとって一番うれしいことです。「また、いい本を書こう」という意欲がわいてきます。本当にありがたいことです。この場をお借りして、深くお礼申し上げます。

ただ、ご相談のお手紙をいただきますと、私は申し訳ない気持ちでいっぱいになります。気の利いたアドバイスができないからです。お返事が出せないことは、たいへん心苦しいのですが、私は、ただ話を聞くだけの人で、臨床心理士でもなければ、精神科医でもありません。どうか、お許しください。この場をお借りして、深くお詫び申し上げます。

岩月謙司

1955年、山形県に生まれる。早稲田大学を卒業後、筑波大学大学院生物科学研究科博士課程を修了。テキサス工科大学、日本石油（株）中央技術研究所を経て、香川大学教授。理学博士。専攻は、動物行動生理学、人間行動学（対人関係論）。東洋経済新報社主催の第8回高橋亀吉賞受賞。

著書には『女は男のどこを見ているか』（ちくま新書）、『思い残し症候群 ── 親の夫婦問題が女性の恋愛をくるわせる』（NHKブックス）、『家族のなかの孤独 ── 対人関係のメカニズム』（ミネルヴァ書房）、『無神経な人に傷つけられない88の方法』（大和書房）、『メルヘンセラピー・般若になったつる』（佼成出版社）、『娘がいやがる間違いだらけの父親の愛』『「子供を愛する力」をつける心のレッスン』（以上、講談社）などがある。

講談社＋α《プラスアルファ》新書　**140-1 C**

なぜ、男《おとこ》は「女《おんな》はバカ」と思《おも》ってしまうのか

岩《いわ》月《つき》謙《けん》司《じ》

2003年1月20日第1刷発行

発行者────**野間佐和子**

発行所────**株式会社 講談社**

東京都文京区音羽2-12-21 〒112-8001
電話 出版部（03）5395-3532
販売部（03）5395-5817
業務部（03）5395-3615

装画────**谷山彩子**

デザイン────**鈴木成一デザイン室**

カバー印刷────**共同印刷株式会社**

印刷────**豊国印刷株式会社**

製本────**株式会社若林製本工場**

落丁本・乱丁本は購入書店名を明記のうえ、小社書籍業務部あてにお送りください。

送料は小社負担にてお取り替えします。

なお、この本の内容についてのお問い合わせは生活文化第四出版部あてにお願いいたします。

Printed in Japan ISBN4-06-272177-5　定価はカバーに表示してあります。